Sandra Bartsch-Beuerlein

Qualitätsmanagement in IT-Projekten
Planung – Organisation – Umsetzung

Sandra Bartsch-Beuerlein

Qualitätsmanagement in IT-Projekten

Planung – Organisation – Umsetzung

HANSER

Internet: http://www.hanser.de

Die Deutsche Bibliothek – CIP-Einheitsaufnahme

Ein Titeldatensatz für diese Publikation
ist bei Der Deutschen Bibliothek erhältlich.

© 2000 Carl Hanser Verlag München Wien
Redaktionsleitung: Martin Janik
Herstellung: Ursula Barche
Umschlaggestaltung: Parzhuber & Partner GmbH, München
Satz und Gestaltung: Hartmut Czauderna, Gräfelfing
Datenbelichtung, Druck und Bindung: Druckhaus
„Thomas Müntzer" GmbH, Bad Langensalza
Printed in Germany
ISBN 3-446-21359-7

Meinem besten Freund,
Mitstreiter,
Sparringspartner und Ehemann
Rudolf

Inhaltsverzeichnis

1 Einleitung

1.1 Ziel und Inhalt

*Take care
to get what you like
or you will be forced
to like what you get.*

George Bernard Shaw

„Qualitätsmanagement in IT-Projekten" ist aus der Praxis für die Praxis entstanden. Es beschreibt auf der Basis langjähriger Erfahrungen und Herausforderungen in IT-Projekten, wie erfolgssteigernde Maßnahmen in eigenen Projekten wirksam umgesetzt werden können. Der Schwerpunkt liegt dabei auf den Bereichen, die in den aktuellen empirischen Studien als kritische Erfolgsfaktoren identifiziert wurden.

In Projekten der IT-Branche wird in der Regel das Wissen und die Erfahrung mehrerer Fachbereiche benötigt:

- Projektmanagement
- Qualitätsmanagement und
- Informationstechnologie bzw.
- Software-Engineering

Über jeden dieser Themenbereiche existiert heute bereits eine Fülle von Publikationen mit Hunderten von Mannjahren validierter und dokumentierter Theorie und Praxis. Warum scheitern dann immer noch so viele IT-Projekte? Das vorliegende Buch versucht nicht, diese bereits jahrelang aktuelle Frage zu beantworten. Es möchte vielmehr dem Praktiker einige nachvollziehbare Ideen, Argumente und Anregungen liefern, die *Best Practice* als eine Art Hilfe zur Selbsthilfe für die Chance, in der spannenden und anspruchsvollen Welt der IT-Projekte erfolgreicher zu werden.

In Kapitel 2 wird der Leser auf die Grundlagen und Begriffe aus den Bereichen Projektmanagement und Qualitätsmanagement eingestimmt.

Projektmanagement hat sich in den letzten Jahren als Methode und als Managementstil zur Realisierung komplexer, innovativer Aufgaben bereits weitgehend durchgesetzt. *Management by Projects* wird als zentrale Managementstrategie eines projektorientierten Unternehmens gesehen, um neue Chancen und Herausforderungen einer dynamischen Unternehmensumwelt wahrnehmen zu können.[1] Das Thema Projektmanagement wird in diesem Buch nicht weiter diskutiert. Es wird angenommen, dass der Leser mit den Methoden und Lehren des Projektmanagements vertraut ist und mindestens begleitend einige Projekte live erlebt hat.

Abschnitt 2.1 erläutert den Wandel im Verständnis der Schwerpunkte des Projektmanagements im Laufe der Jahre. In Abschnitt 2.2, Projektmanagement-Standards, werden die aus heutiger Sicht als Standardwerke verstandenen Projektmanagement-Publikationen aufgeführt. Es wird dem Leser überlassen, diese seinem Bedarf entsprechend anzugehen.

In Abschnitt 2.3, Qualität und Qualitätsmanagement im Unternehmen, folgt ein kurzer historischer Abriss der QM-Thematik, um dem Leser eine Orientierung und weitere Abgrenzung des Themas zu ermöglichen.

Das grundsätzliche Verständnis des Begriffs *Qualität im Projekt*, wie in diesem Buch weiterhin verwendet, wird in Abschnitt 2.4 aufgebaut. Auf der Basis der zur Zeit geltenden Projektmanagement-Standards werden die einzelnen Wirkungsbereiche für das Qualitätsmanagement im Projekt und die Rolle eines Qualitätsmanagers aufgezeigt und abgegrenzt.

In Kapitel 3 werden als Orientierungshilfe die geltenden Standards bezüglich der Qualität der Projektergebnisse in IT-Projekten erläutert, aber nicht weiter im Detail besprochen. Auch hier wird dem interessierten Leser primär der Handlungsbedarf aufgezeigt und die Fülle von vorhandenen Publikationen zu weiterem Nacharbeiten empfohlen.

In einem IT-Projekt gehen in den einzelnen Projektphasen jeweils die Anteile an Beratungsleistungen, Entwicklung, Produktion, Organisation und Dienstleistung ineinander über. In Kapitel 4 werden die Anforderungen an Qualitätsmanagement während des gesamten Projektablaufs besprochen. Hier werden einige Denkmodelle und nützliche Instrumente für das qualitätsorientierte Prozessmanagement im Projekt diskutiert.

Die Rolle der Projektorganisation und deren Einfluss auf den Projekterfolg sind Themen des Kapitels 5. Für Projektleiter, die nicht mehr darüber diskutieren wollen, ob das Einflussmanagement oder die Matrixorganisation für ihre Projekte günstiger sei, liefert dieser Abschnitt vielleicht einige brauchbare Argumente. Hier werden auch die Daseinsberechtigung, die Rolle und die Aufgaben eines Projektbüros erläutert.

In Kapitel 6 wird das bisher vorgestellte breite Spektrum an massivem Handlungsbedarf auf einige wenige kritische Erfolgsfaktoren des Projektmanagements fokussiert.

Wenn man etwas gut macht, möchte man dafür auch eine nachvollziehbare Anerkennung erhalten. Kapitel 7 stellt deshalb die existierenden Qualitätsmanagement- und Zertifizierungssysteme für Unternehmen und Projekte und deren mögliche Vorteile und Konsequenzen vor.

Die Zeiten, in denen man der Meinung war, ein gutes Projektmanagement-Tool sei der halbe (Projekt-)Erfolg, sind inzwischen vorbei. Trotzdem – oder gerade deshalb – wirft Kapitel 8 einen kritischen Blick auf die verfügbare Projektmanagementsoftware sowie auf die Anforderungen und Erwartungen an Tools für Projektteams und den Einsatz dieser Tools in den Projekten. Im Anhang findet der Leser Gliederungen und Checklisten, die sich in der Praxis bewährt haben. Sie können leicht umgesetzt und für die eigenen Projekte verwendet werden. Ebenfalls im Anhang sind nochmals die FAQ (frequently asked questions), häufig gestellte Fragen und Antworten, zusammengefasst. Das abschließende Quellen- und Literaturverzeichnis enthält neben der verwendeten Literatur auch ein Verzeichnis der aktuellen Internet-Links zu Organisationen, Institutionen und Anbietern der in den Bereichen Qualitätsmanagement und Projektmanagement relevanten Informationen sowie ein Verzeichnis der Projektmanagementsoftware.

Am Ende des vorliegenden Buchs sind schließlich alle Fußnoten in chronologischer Reihenfolge aufgelistet. Dies mag für den gründlichen Leser, der jede Fußnote gleich nachschauen möchte und dadurch zum fortwährenden Blättern gezwungen wird, umständlich sein. Andererseits erleichtert es die glatte Lesbarkeit des Textes. Das Buch ist so konzipiert, dass es sowohl für den sequenziellen Leser als auch für den Querleser, der sich direkt in einem Abschnitt über ein bestimmtes Thema informieren will, verständlich ist und durch Referenzen auf weitere erläuternde Stellen verweist.

> Beispiele und Zitate sind kleiner gesetzt und eingerückt, damit sie der Leser besser erkennt.

Die nachfolgenden Abschnitte der Einleitung dienen der Orientierung und dem Aufbau eines gemeinsamen Verständnisses für die Positionierung des eigentlichen Themas. Hier wird die Ausgangsbasis aus der Sicht der Autorin erläutert, eine Morphologie der Projektart *IT-Projekt* vorgenommen und die komplexe Welt der IT-Projekte auf drei organisatorische Basis-Szenarios reduziert.

Anmerkung:
Aus Gründen der besseren Lesbarkeit wird im Text meist auf eine Unterscheidung der weiblichen/männlichen Schreibweise bzw. Bezeichnung bei Personen und Rollen verzichtet. Frauen und Männer sind in gleicher Weise angesprochen.

1.2   Ausgangsbasis

Es waren fünf Weise aus Indostan, die wollten unbedingt
Beschreiben einen Elefant, trotz einer Augenbind',
Wohl glaubend, dass durch Tastgefühl Antworten zu holen sind.
Der Erste fühlt den Stoßzahn an und schreit: „Wo kommt das her?
So rund und glatt und äußerst scharf, ich glaub' ich weiß schon mehr.
Das Wundertier, der Elefant, der ähnelt einem Speer!"

Der Zweite kommt zum Elefant und ist kein bißchen bange.
Den großen Rüssel in der Hand, er überlegt nicht lange.
„Ich weiß", sagt er, „der Elefant, der ähnelt einer Schlange."

Der Dritte streckt die Hand nun aus, berührt das Knie fast kaum.
„So mächtig groß und rau und fest!" er flüstert in den Raum.
„Genug, ich hab's, der Elefant, der ähnelt einem Baum."

Der Vierte erreicht den Elefant und stützt sich mit der Hand,
Gegen des Tieres Brust und Bauch, worauf er sofort fand:
„Gott sei mit mir! Der Elefant, der ähnelt einer Wand."

Der Fünfte fängt als Letzter an, berührt das Hinterteil.
Er zieht und prüft des Tieres Schwanz und denkt dann eine Weil'.
Und sagt: „Ich weiß, der Elefant, der ähnelt einem Seil."

Und so die fünf aus Indostan, sie stritten sich nicht schlecht.
Ein jeder tat seine Meinung kund, ein gewaltiges Wortgefecht.
Obwohl teils jeder richtig schien, im Ganzen hatte keiner Recht.

Indische Fabel

Diese Fabel über fünf indische Weise erinnert an die Diskussion über Qualitätsmanagement im Projektmanagement. Die Weisen sollen durch Abtasten einen Elefanten beschreiben. Jeder Weise erläutert gerade den Elefantenteil, der sich in seiner greifbaren Nähe befindet. Jeder hat auch, aus seiner unmittelbaren praktischen Erfahrung, mit der Beschreibung seines Teils vollkommen Recht. Doch es ist äußerst unwahrscheinlich, dass ein unbeteiligter Dritter aus diesen Beschreibungen das eigentliche Tier erkennen kann.
Analog zu dieser Fabel soll der Leser beim Aufbau seines Verständnisses für Qualitätsmanagement in IT-Projekten motiviert werden, immer daran zu denken, dass ein Elefant mehr ist, als ein Bein, ein Rüssel, ein Schwanz oder ein Stoßzahn. Der Leser soll versuchen, dieses „Tier" von mehreren Standpunkten aus wahrzunehmen, die Beschreibung aus der Betrachtungsweise anderer gelten zu lassen und letztendlich versuchen, die einzelnen Bilder zu einem Ganzen zusammenzufassen.
Die allgemeine Projektmanagementlehre ist hochgradig abstrakt, um Projekte aller Art und verschiedener Bereiche umfassen zu können. In den meisten Standardpublikationen wird ein Versuch gemacht, die Projekte nach verschiedenen Merkmalen zu klassifizieren und zu diversifizieren[2], beispielsweise nach

- dem Projektinhalt (Investitionen, Forschung und Entwicklung, Organisationsänderungen in unterschiedlichen Fachbereichen und Branchen),
- der Stellung des Auftraggebers (externe und interne Projekte),
- dem Grad der Wiederholung (Routineprojekte versus Pionierprojekte),
- der sozialen Komplexität (multikulturelle Projekte sowohl im Sinne der unterschiedlichen Unternehmenskulturen als auch im Sinne der Multinationalität),
- dem Innovationsgrad (komplexe Lösung aus bekannten Komponenten versus Projekt an den aktuellen technologischen Grenzen der Machbarkeit),
- den beteiligten Organisationseinheiten und
- der Bedeutung für das Unternehmen (*Business as usual*, strategische Projekte, unternehmenskritische Projekte).

Im Folgenden werden schwerpunktmäßig Projekte in der IT-Branche betrachtet. Dazu gehören Projekte aus einem breiten Aufgabenspektrum bei der Erstellung und Einführung von IT-Lösungen oder IT-Anwendungen im Unternehmen oder bei der Umstellung der Arbeitsplätze des Unternehmens auf eine bestimmte neue IT-Plattform. Ziele und Inhalte dieser Projekte können beispielsweise einzeln oder in beliebiger Kombination folgende Vorhaben umfassen:

- Automatisierung von Produktions- oder Geschäftsprozessen,
- Entwicklung von Client-Server-Anwendungen oder anderer IT-Lösungen,
- Einführung von Intranet im Unternehmen,
- Einführung eines Data-Warehouse,
- Aufbau einer Knowledge-Base,
- Einführung von Common-Desktop-Environment,
- Einführung von Systemmanagement,
- Umstellungen der Systeme aufgrund neuer Anforderungen der Gesetzgebung oder des Marktes (in jüngster Vergangenheit z. B. Umstellung auf Euro oder Sicherstellung der Jahr-2000-Bereitschaft),
- Umzug oder Übernahme der Unternehmen.

Es soll an dieser Stelle kein Versuch unternommen werden, diese Projekte weiter zu katalogisieren. Eines haben sie jedoch alle gemeinsam: Sie beinhalten in der Regel unterschiedlich hohe, aber folgenschwere Anteile an

- Chaos-Potential der Organisationsprojekte,
- Ungewissem der F&E-Projekte,
- wirtschaftlichem Risiko der Investitionsprojekte,
- schwer Messbarem und Abgrenzbarem der Dienstleistung.

Auch wenn im IT-Projekt keine Softwareentwicklung vorgenommen wird und überwiegend Standardlösungen eingesetzt werden, sind diese aufgrund der kurzen Lebenszyklen und Time-to-Market-Zyklen meist von einem hohen Innovationsbedarf und oft entsprechend geringem Reifegrad. Der Auftraggeber, beeinflusst durch Berichterstattungen in Hochglanzbroschüren, weiß nur schemenhaft, was er will; will dieses jedoch in kürzester Zeit, schlüsselfertig und zum Festpreis. Bei einer Konzeptionsphase, die über ein halbes Jahr hinausgeht, sind die Konzepte bereits bei der Abgabe technologisch veraltet. Das notwendige Know-how ist auf dem Mitarbeiter- und Spezialistenmarkt meist nur begrenzt vorhanden. Je nach Zusammensetzung des Projektteams (siehe Abschnitt 1.3) ist der Auftragnehmer in der Regel nur bedingt bereit, in die Ausbildung des Projektteams zu investieren.

Diese Faktoren, zusammen mit der relativ kurzen durchschnittlichen Dauer der IT-Projekte, machen eine kurzfristige Eins-zu-eins-Übernahme der in den Produktionsbetrieben oder qualitätsorientierten Unternehmen bewährten Qualitätskonzepte unmöglich.

1.3   Standortbestimmung

Auch wenn, wie in Abschnitt 1.2 erläutert, die IT-Projekte an dieser Stelle nicht weiter klassifiziert werden, soll der Leser in die Lage versetzt werden, seinen Standort im Universum der IT-Projekte zu überprüfen. Nur so werden die Ausführungen in weiteren Abschnitten verständlich und nachvollziehbar. Die komplexe Vielfalt der IT-Projekte wird daher auf drei grundlegende Organisationsformen bei ihrer Durchführung vereinfacht. Dies ermöglicht es, bestimmte Problembereiche besser hervorzuheben.

Im Verlauf der weiteren Ausführungen werden die nachfolgend beschriebenen drei Organisationsformen unter verschiedenen Gesichtspunkten näher diskutiert:
- Vorhandensein und Einfluss der Unternehmenskultur auf die Projektkultur,
- Vorhandensein von Qualitätssystemen oder Qualitätskonzepten im Unternehmen und deren Einfluss auf das Projekt (QS/TQM),
- Bereitschaft des Auftragnehmers, in das Projektteam zu investieren,
- Möglichkeit und Motivation, die Erfahrung zu sichern.

Unter Projektkultur ist, analog zur Unternehmenskultur[3], das spezifische Verhalten einer bestimmten Gruppe nach bestimmten Werten, Normen und Riten mit einem eigenständigen Erscheinungsbild *(Corporate Identity)* zu verstehen.

Eine Definition des Begriffs „Projektkultur" wird der Leser in älteren Projektmanagement-Publikationen vergeblich suchen. Patzak und Rattay beschreiben[4] einige der Erscheinungsformen und machen vor allem auf die möglichen negativen Aspekte einer eigenständigen Projektkultur im Unternehmen aufmerksam.

Wir wollen die Projektkultur als eine positiv verstandene Kultur mit Schwerpunkt auf folgendem Erscheinungsbild interpretieren:
- Einsatz und Akzeptanz von Projektmanagement als Führungsstil,
- verbindliches, zielorientiertes Verhalten jedes Einzelnen,
- Respektieren des Einzelnen bei einer teamorientierten Arbeit,
- Einhalten der vereinbarten Projektregeln und -standards,
- Aufbau und Pflege einer konstruktiven Arbeitsatmosphäre,
- Ausstrahlen eines einheitlichen Projekt- und Team-Erscheinungsbildes.

1.3.1 Szenario 1: Internes Projekt im Unternehmen

Bei der Organisationsform in diesem Szenario findet das Projekt einmalig oder in ähnlicher Ausprägung intern im Unternehmen und für das Unternehmen statt.

Der Auftragnehmer ist in der Regel die interne IT-Abteilung, der Auftraggeber die Geschäftsleitung oder ein Fachbereich.

Aktuelle Beispiele solcher Projekte wären die Umstellung der Buchhaltung auf Euro, Überprüfung der Jahr-2000-Bereitschaft oder Einführung von Intranet im Unternehmen.

Bei Projekten dieser Art können einzeln externe Fachleute als Consultants hinzugezogen werden. Das Projektteam besteht jedoch überwiegend aus eigenen Mitarbeitern des Unternehmens und ist voll in die Unternehmensorganisation und Unternehmenskultur eingebettet.

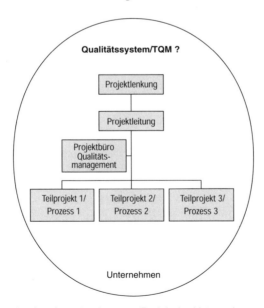

Abbildung 1: Organisationsform 1 – Internes Projekt im Unternehmen

Der Reifegrad des Unternehmens bezüglich Projektmanagement und Qualitätsmanagement sowie eventuell vorhandene Qualitätssysteme oder TQM
Konzepte beeinflussen direkt das Verständnis für Projektmethodik und Qualität in Projekten dieses Unternehmens.

Das Unternehmen betrachtet Investitionen in Standardisierung, Qualitätsmaßnahmen und Mitarbeiterausbildung als längerfristige Anlage mit einem
gesicherten *Return of Investment*.

1.3.2   Szenario 2: Projektorientiertes Unternehmen als Auftragnehmer

Bei diesem Szenario ist der Projekt-Auftragnehmer ein Unternehmen, das auf
dem Markt hauptberuflich IT-Projekte für andere Unternehmen durchführt.
Dazu gehören große internationale Häuser wie beispielsweise Debis, EDS,
Hewlett-Packard, IBM, Siemens oder Unisys, aber auch kleinere Unternehmen, beispielsweise aus dem dynamischen Multimedia- und Internet-Markt.
Der Auftraggeber ist ein externer Kunde. Die Vergabe des Projektauftrags
wird in der Regel unter mehreren konkurrierenden Anbietern entschieden.

Das Ergebnis der Projektarbeit mag vom Auftraggeber als schlüsselfertige Lösung gewünscht sein (Variante a), oder unter Beteiligung des Auftraggebers
in einem gemeinsamen Projektteam erarbeitet werden (Variante b).

Da die Durchführung von IT-Projekten zum Kerngeschäft der anbietenden
Unternehmen gehört, sind diese in der Regel projektorientiert ausgerichtet.
Das heißt, dass diese Unternehmen in der Regel projektorientierte Vorgehensmodelle verwenden, in denen auch entsprechende Qualitätsmaßnahmen
verankert sind. Ihre Mitarbeiter werden projektorientiert ausgebildet und gefördert, die Erfahrungen aus den Projekten werden gesammelt, ausgewertet
und in die Folgeprojekte eingebracht.

Ein projektorientiertes Unternehmen betrachtet Investitionen in Standardisierung, Qualitätsmaßnahmen und Mitarbeiterausbildung als lebensnotwendig und wettbewerbsbeeinflussend.

Gareis[5] definiert die Merkmale eines projektorientierten Unternehmens wie folgt:
- *Management by Projects ist eine explizite Managementstrategie.*
- *Projekte werden als temporäre Organisationen eingesetzt.*
- *Entscheidungskompetenz wird in Projekte delegiert.*
- *Die Dynamik der Umwelt wird in den dynamischen Unternehmensstrukturen abgebildet.*
- *Projektnetzwerke sind Betrachtungsobjekte des Managements.*
- *Die langfristige Know-how-Sicherung erfolgt durch Ressourcenpools.*
- *Koordinationsaufgaben werden von Steuerungskreisen wahrgenommen.*
- *Es existiert eine Projektmanagement-Kultur.*
- *Integrierende Funktionen werden von Multi-Rollenträgern erfüllt.*

Patzak und Rattay[6] weisen darüber hinaus darauf hin, dass projektorientierte Unternehmen sich typischerweise auch durch Kundenorientierung auszeichnen.

Dieses Szenario (insbesondere Variante (a) in Abbildung 2) dürfte demnach die wenigsten Probleme bezüglich Projekt- und Qualitätsmanagement in Projekten erwarten lassen. In der Praxis prallen jedoch oft (insbesondere bei Variante (b) in Abbildung 2) unterschiedliche Unternehmenskulturen, Arbeitsstile und Vorstellungen bezüglich der geforderten Qualität und des Aufwands, diese zu planen, zu steuern und zu kontrollieren, in der Beziehung zwischen Auftragnehmer und Auftraggeber aufeinander.

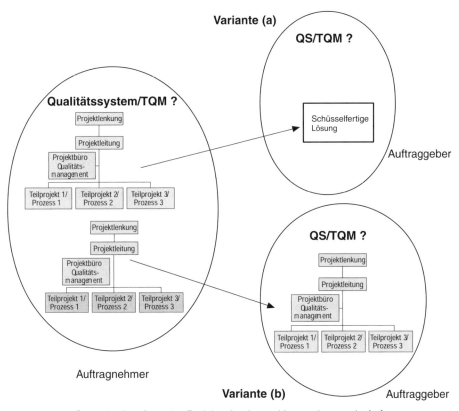

Abbildung 2: Organisationsform 2 – Projektorientiertes Unternehmen als Auftragnehmer

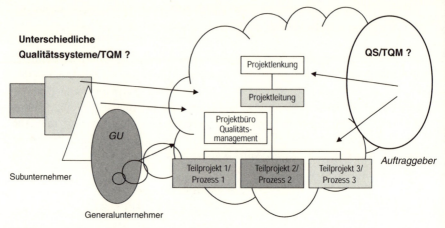

Abbildung 3: Organisationsform 3 – Generalunternehmer als Auftragnehmer

1.3.3 Szenario 3: Generalunternehmen als Auftragnehmer

Das dritte Szenario kommt in der Praxis immer häufiger vor. Grund dafür ist die Notwendigkeit, aktuelles Spezialwissen, das in einem einzelnen Unternehmen nicht in der erforderlichen Kapazität vorhanden ist, in das Projekt einzubringen. Zu diesem Zweck bilden die Unternehmen Netzwerke oder rechtlich-organisatorische Kooperationsformen, die speziell für die Durchführung des Projekts etabliert und danach in der Regel aufgelöst werden. In diesem Szenario werden wir uns künftig immer intensiver mit vernetzten Kooperationsformen und virtuellen Teams beschäftigen müssen. Keines der beteiligten Unternehmen betrachtet sich zuständig für Investitionen in Standardisierung, Qualitätsmaßnahmen und Ausbildung des Gesamtteams.

Qualitätsmanagement in diesem Szenario ist eine überaus anspruchsvolle Aufgabe. Sie ist mit einem Risikopotential behaftet, das direkt proportional zu folgenden Faktoren ist:

- Unterschiede der kooperierenden Unternehmen im Reifegrad des Projekt- und Qualitätsmanagements,
- Mangel an Bereitschaft, vertrauliche Vorgehensmodelle, die als intellektuelles Kapital des Unternehmens betrachtet werden, an die kooperierenden Unternehmen oder Unterauftragnehmer weiterzugeben,
- Mangel an Bereitschaft des Auftragnehmers, in die Ausbildung eines temporären Projektteams aus unternehmensfremden Mitarbeitern zu investieren,
- Mangelnde Bereitschaft der Auftraggeber, den Aufwand für das Qualitätsmanagement im Projektbudget zu berücksichtigen,
- Kritische Terminsituation und die relative Kürze des Projekts.

Dieses Szenario ist eine echte Herausforderung für das Qualitätsmanagement. Die Praxis mit einigen brisanten Projekten hat glücklicherweise gezeigt, dass man mit Fokus auf einige wenige Problembereiche im Projekt trotz alledem erfolgreich sein kann. Die Bereiche, die besonders beachtet werden müssen, werden in Kapitel 6, Erfolgsfaktoren in Projekten, behandelt.

1.4 Planungszeitrahmen

In Abhängigkeit von dem aktuellen Szenario und von dem Grad der Wiederholung der Projektarbeit in diesem Szenario können der Zeitrahmen, der Umfang und die Ausrichtung für die Planung und Realisierung von Qualitätsmaßnahmen abgesteckt werden.

Planungs-objekte:	Kurzfristig: *Quick wins – Etablierung und Akzeptanz*	Mittelfristig: *Professionalisierung und Standardisierung*	Langfristig: *Qualitätssystem für Projektmanagement*
Personen	Workshops Informationsveranstaltungen Know-how-Transfer Training-on-the-Job	Mentoring Coaching Weiterbildung in Projektmanagement und Qualitätsmanagement	International gültige Zertifizierung aller Projektmanager Projektmanager Netzwerk
Prozesse	Checklisten „Do's and Don't's" Projekthandbuch Bereitstellung und Einsatz einfacher Tools mit Vorlagen	Orientierung an ISO-Normen Projektmanagement-Leitfaden/Vorgehensmodelle Bereitstellung und Nutzung integrierter Tools	Eingeführtes Qualitätssystem sowohl für die produktorientierten als auch für die Projektmanagement-Prozesse CMM/Bootstrap/SPICE Bereitstellung einer Knowledge-Base
Projekte	Externes Coaching und Beratung	Unterstützung durch interne Projektmanager Mentoring	Unternehmensweites Knowledge Management
Unternehmen	Berichtswesen Risikoschätzung Projekt-Reviews	Ressourcenmanagement Risikomanagement Qualitätsmanagement	TQM Projektkultur = Unternehmenskultur Unternehmensweites Programm-Management

Tabelle 1: Planungs- und Handlungsmatrix für die Einführung von Qualitätsmanagement in Projekten

Bei einem Generalunternehmen mit temporär eingesetzten Subunternehmen (Szenario 3) sind vor allem kurzfristig wirkende Maßnahmen, so genannte *quick wins,* von Interesse. Ansonsten kommen hier meist nur Maßnahmen zur Schadensbegrenzung in Betracht.

Bei einem projektorientierten Unternehmen dagegen ist bei der heutigen Situation im IT-Markt (offene und damit austauschbare Systeme bei fallenden Hardware- und Softwarepreisen) nur die Qualität der Dienstleistung *Projektmanagement* der wichtigste wettbewerbsbeeinflussende Faktor. Hier sind langfristige Planung und Investitionen in Qualitätsmanagement, Konzepte und Vorgehensmodelle sowie in Knowledge-Management angesagt.

Die Planungsobjekte für Qualitätsmanagement in Projekten sind

- die beteiligten Personen, Projektleiter und Projektteam-Mitarbeiter,
- die beteiligten Prozesse, sowohl die das Projektmanagement betreffenden als auch die produktbezogenen Prozesse,
- die durchgeführten und durchzuführenden Projekte
- und schließlich das Unternehmen und dessen Management.

Eine Darstellung der Planungs- und Handlungsfenster zeigt die Tabelle 1.[7]

Hier wird zwar die Vision eines projektorientierten Unternehmens mit einem praktizierten und gelebten Total-Quality-Management entworfen, in dem ein reifes Projektmanagement integriert ist; um realistisch zu bleiben, wird der Schwerpunkt jedoch auf die auch kurzfristig wirksamen Maßnahmen, die so genannten *quick wins,* gelegt.

2 Qualitätsmanagement in Projekten – Grundlagen und Begriffe

Qualität ist ...
einfach das Anständige.

Theodor Heuss

Dieses Kapitel stimmt den Leser auf die Historie sowie die allgemeinen Standards und Begriffe in den Bereichen Projektmanagement und Qualitätsmanagement ein.

Leser, die sich in diesen Bereichen heimisch fühlen, können direkt bei der Abgrenzung des Begriffs Qualität im Projekt in Abschnitt 2.4 beginnen. Leser, die mehr über Qualitäts- und Projektmanagement erfahren möchten, seien auf die umfangreiche Literatur verwiesen, die zu beiden Themenbereichen vorhanden ist und auf die teilweise auch im Literaturverzeichnis des vorliegenden Buchs hingewiesen wird.

In Abschnitt 2.5 wird die in der Projektmanagement-Gemeinde noch nicht besonders bekannte Rolle des Qualitätsmanagers im Projekt umrissen.

2.1 Wandel im Verständnis des Projektmanagements

Das klassische Projektmanagement wurde aus den Bedürfnissen der Luft- und Raumfahrt Ende der fünfziger Jahre entwickelt. Hier war der Planungs- und Handlungsraum durch die von den Ingenieur- und Naturwissenschaften vorgegebenen „harten Wirklichkeiten" *(hard factors)* bestimmt. Im Mittelpunkt standen die zielgerichtete Planung der Projektinhalte und das Produkt. Das klassische Projekt-Zieldreieck „Termin/Budget/Qualität" adressierte fast ausschließlich die Lieferung des Projektergebnisses.

Seitdem durchlief das Verständnis des Projektmanagements mehrere Wandlungen. Vom Schwerpunkt Netzplantechnik bis zum verhaltensorientierten Ansatz, bei dem Projektmanagement als komplexes kybernetisches oder psychosoziales System verstanden wird, liegen viele Jahre einer in der Fachwelt bis heute uneinheitlichen Betrachtung und Diskussion.

Insbesondere die Business-Reengineering-Welle, in der vor allem komplexe und unternehmenskritische organisatorische Projekte abliefen, zeigte die Grenzen des klassischen linear gesteuerten Projektmanagements auf. Projektmanagement wird heute zunehmend als Managementstil für Innovationen verstanden. Hier ist es notwendig, den Fokus für den Planungs- und Handlungsraum auch auf die so genannten „weichen Wirklichkeiten" *(soft factors)* einzustellen, auf die Umwelt, das Projektteam und dessen menschliche Interaktionen.

Anlässlich des Forums der Deutschen Gesellschaft für Projektmanagement (GPM) wurden 1997 erstmalig ein systemisches Modell und die Denk- und Handlungsmuster für das neue Projektmanagement „der 2. Ordnung" vorgestellt.[8] Der Projektmanager des nächsten Jahrtausends wird zusätzlich zu der Steuerung und dem Controlling der *hard factors* des klassischen Projektmanagements auch mit Verhaltensmustern und Projektkultur, mit offenen Zielen und evolutionärer Planung in einem dynamischen Umfeld mit neuen vernetzten Organisationsformen umzugehen lernen müssen.

Im Rahmen dieser Ausführungen wird ein vereinfachtes Weltbild eines Projekts aufgezeichnet: Ein Projekt wird fortan wie ein kleines Unternehmen betrachtet: Denn in jedem größeren Projekt finden sich unternehmensspezifische Bereiche und Prozesse wie beispielsweise Unternehmensgründung, Mitarbeitereinstellung/Human Ressources, Organisation, Strategie und Planung, Administration und Buchhaltung, PR und Marketing, Forschung und Entwicklung, Produktion ... und Auflösung des Unternehmens. In diesem „Projektunternehmen" laufen aber alle Prozesse in einem starken Zeitraffer ab. Dieses Weltbild erleichtert es, den Gedanken des Total-Quality-Management-Modells für Unternehmen auf die Projekte zu übertragen.

2.2   Projektmanagement-Standards

Das Standardwissen der weltweiten Projektmanagement-Gemeinde wird maßgebend von zwei internationalen Projekt-Organisationen[9] geprägt und gepflegt:

In Europa wurde 1965 die International Project Management Association (IPMA) gegründet.[10] Heute sind in der IPMA 18 nationale Projektmanagement-Organisationen aus vielen Ländern der Welt mit all ihren nationalen Schwerpunkten und Besonderheiten vertreten. Die 1979 gegründete Deutsche Gesellschaft für Projektmanagement (GPM) ist ebenfalls Mitglied der IPMA.

In den USA wurde 1969, unabhängig von der IPMA, das Project Management Institute (PMI) gegründet. Das PMI, auch eine non-profit-Organisation, war zunächst überwiegend in den USA aktiv.

In den letzten Jahren etablierten die beiden Projektmanagement-Organisationen zunehmend Berührungspunkte.

Das PMI publizierte bereits 1987, begünstigt durch die weitgehend homogene Landeskultur der Mitgliedschaft, das Standardwerk „A guide to the project management body of knowledge (PMBOK)".[11] In der zuletzt 1996 überarbeiteten Ausgabe des PMBOK, die übrigens kostenlos über das Internet bezogen werden kann, wird das Projekt als eine Folge von teilweise parallelen, sich überlappenden und voneinander abhängigen Prozessen dargestellt. In diesem PMBOK werden erstmalig projektmanagement-bezogene und produktbezogene Prozesse unterschieden.

In neun Wissensbereichen fasst das PMI das als allgemein verstandene Projektmanagement-Grundwissen zusammen:

* Integrationsmanagement:
  Hier sind diejenigen Prozesse beschrieben, die zur Koordination der richtigen Funktionsweise aller Projektelemente notwendig sind wie Projektplanung, Projektsteuerung und Änderungsmanagement.
* Geltungsbereichsmanagement *(scope management)*:
  Beschreibt diejenigen Prozesse, die sicherstellen, dass im Projekt genau die Arbeit getan wird, die zum erfolgreichen Projektabschluss notwendig ist – nicht mehr und nicht weniger. Hierzu gehören Projektinitiierung sowie Planung, Definition, Verifikation und Änderungsmanagement der Projektinhalte und Projektziele.
* Zeitmanagement:
  Beschreibt alle Prozesse, die zum termingerechten Projektablauf benötigt werden. Dazu gehören Aufgabendefinition, Planung der Abhängigkeiten und Aufgabenfolge, Schätzung der Dauer und Zeitplanung.
* Kostenmanagement:
  Hier sind Prozesse erläutert, die sicherstellen sollen, dass das Projekt in den vorgegebenen Budgetgrenzen bleibt. Dazu gehören Ressourcenplanung, Kostenplanung und Kostenkontrolle.
* Qualitätsmanagement:
  Erläutert die Prozesse, die sicherstellen sollen, dass das Projekt die geplanten Anforderungen erfüllt. Das Qualitätsmanagement umfasst Qualitätsplanung, Qualitätssicherung und Qualitätskontrolle. Es adressiert erstmalig in der Fachliteratur zusätzlich zu der Qualität der Projektinhalte wie im klassischen Ansatz auch die Qualität der ablaufenden Projektprozesse. Dieser Ansatz findet sich später detailliert in der ISO-Norm 10006.
* Human Ressource Management:
  Hier werden alle Prozesse beschrieben, die einen möglichst effizienten Einsatz der Mitarbeiter im Projekt sicherstellen sollen, also Planung der Projektorganisation, Teambildung und Teamentwicklung.
* Kommunikationsmanagement:
  In diesem Bereich werden diejenigen Prozesse beschrieben, die die termingerechte und inhaltlich passende Erstellung, Verteilung und Ablage der Projektinformationen bewirken. Es umfasst die Planung der Kommunika-

tion und Informationsverteilung, Berichtswesen und den administrativen Projektabschluss.

- Risikomanagement:
  Beschreibt Prozesse, die sich mit der Identifikation, Analyse und geeigneten Maßnahmen bezüglich der Projektrisiken befassen.
- Beschaffungsmanagement:
  Beschreibt die Prozesse, die zur Beschaffung aller Dienstleistungen und Waren für das Projekt benötigt werden. Hierzu gehören u.a. Beschaffungsplanung, Lieferantenauswahl und Vertragsmanagement.

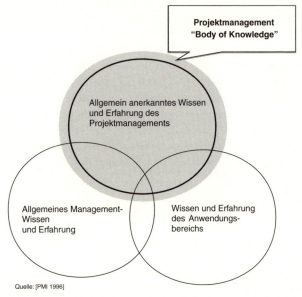

Quelle: [PMI 1996]

Abbildung 4: Abgrenzung des PMI-PMBOK zu anderen Managementbereichen

Der deutsche Zugang zum Project Management Body of Knowledge ist der Wissensspeicher der deutschen Projektmanagement-Gemeinde, das umfangreiche Gemeinschaftswerk der GPM und des Rationalisierungs-Kuratoriums der Deutschen Wirtschaft (RKW), „Projektmanagement Fachmann", in seiner vierten, völlig überarbeiteten Auflage.[12] Hier werden in einzelnen Autorenbeiträgen die Teilgebiete und Aufgabenbereiche erläutert, die nach Überzeugung der GPM zum *State-of-the-Art* der Fachdisziplin Projektmanagement gehören. Dieser „Wissensspeicher" ist in vier Kompetenzbereiche gegliedert:[13]

- Grundlagen-Kompetenz:
  Betrifft allgemeines Management sowie Projekte und Projektmanagement, Projektumfeld und Stakeholder, Einführung des Projektmanagements, Umgang mit Projektzielen, Kriterien für Projekterfolge und -misserfolge, Projektphasen und -lebenszyklen sowie Normen und Richtlinien.

- Soziale Kompetenz:
  Beinhaltet Erläuterungen zur sozialen Wahrnehmung, zwischenmenschliche Kommunikation und Kommunikation im Projekt (wie Moderation, Verhandlungsführung, Präsentation u. a.), Motivation, soziale Strukturen in Gruppen und Teams, Prinzipien einer lernenden Organisation, Selbstmanagement, Führung sowie Konfliktmanagement.
- Methoden-Kompetenz:
  Umfasst die „klassischen" Projektmanagement-Bereiche, wie Projektstrukturierung, Ablauf- und Terminmanagement, Management von Einsatzmitteln, Kosten und Finanzen, Bewertung der Leistung und des Projektfortschritts, integrierte Projektsteuerung und Mehrprojektmanagement. Zusätzlich werden hier auch Kreativitätstechniken und Methoden zur Problemlösung behandelt.
- Organisations-Kompetenz:
  Erläutert Unternehmens- und Projektorganisation, Qualitätsmanagement (das ebenfalls sowohl die Projektinhalte als auch die Projektprozesse unter Berücksichtigung der neuesten ISO-Normen und des TQM-Konzepts adressiert), Vertragsmanagement, Konfigurations- und Änderungsmanagement, Dokumentationsmanagement, Projektstart, Risikomanagement, Informations- und Berichtswesen, EDV-Unterstützung im Projekt, Projektabschluss und -auswertung sowie Personalwirtschaft in Projekten.

Der ebenfalls durch die GPM herausgegebene Projektmanagement-Kanon (PM-Kanon)[14], ein normatives Dokument für die Kompetenz im Projektmanagement, ist eine Referenz auf diese Kompetenzbereiche. Darüber hinaus kann er als Instrument für die Selbsteinschätzung und -prüfung (Selbstassessment) bei der Zertifizierung der Projektmanager verwendet werden.[15]
Auch andere europäische nationale Fachverbände arbeiten an ihren PMBOKs, beispielsweise:
- APM-PMBOK (Großbritannien)
- SPM-Beurteilungskriterien (Schweiz)
- AFITEP (Frankreich)

Wenn man die mentalitäts- und sprachlich-bedingte Meinungsvielfalt der einzelnen Fachverbände der IPMA berücksichtigt, ist es nicht weiter verwunderlich, dass ein einheitliches Werk der IPMA, die IPMA Competence Baseline (ICB) Jahre der Arbeit und Abstimmung benötigte, um 1999 endlich in einer dreisprachigen Version das Licht des Projektmanagement-Alltags zu erblicken.[16] Das Werk spezifiziert ebenfalls die Erwartungen, die an das Wissen, die Kenntnisse, die Anwendungserfahrung und das persönliche Verhalten eines professionellen Projektmanagers herangetragen werden. Es berücksichtigt bereits die aktuell diskutierten Anforderungen wie Veränderungsmanagement, Projektmarketing, Systemmanagement und organisationales Lernen. ICB bildet die Grundlage für die einzelnen durch die IPMA validierten Zertifizierungsprogramme der nationalen Projektmanagement-Gesellschaften. Dem Leser sei es überlassen, seinen Informations- und Wissensbedarf mit diesen Standardwerken oder mit den zahlreichen Publikationen auf dem deutschen und internationalen Buchmarkt zum Thema Projektmanagement zu aktualisieren.

2.3 Qualität und Qualitätsmanagement im Unternehmen

A customer is the most important visitor on our premises.

He is not dependent on us.
We are dependent on him.

He is not an interruption of our work.
He is the purpose of it.

He is not an outsider on our business.
He is a part of it.

We are not doing him a favour by serving him.
He is doing us a favour by giving us an opportunity to do so.

Mahatma Gandhi

In den meisten Industriezweigen gibt es heute einen weltweiten Wettbewerb um den „König Kunde". In diesem Wettbewerb haben diejenigen Unternehmen einen Vorteil, die dem Kunden solche Produkte bieten, die von diesem als hervorragend in der Qualität beurteilt und zudem wirtschaftlich vertretbar produziert werden. In den letzten Jahren wurden mehrere Qualitätskonzepte zur Erreichung dieser Ziele eingeführt (zum Beispiel ISO Qualitätssystem, TQM nach Deming, TQM nach Malcolm Baldridge Award, TQM nach European Quality Award). Im Rahmen der Umsetzung dieser Qualitätskonzepte streben die Unternehmen eine Zertifizierung oder einen Qualitätspreis an. Detaillierte Informationen dazu findet man in Kapitel 7.

Allen diesen Qualitätskonzepten gemeinsam sind folgende Voraussetzungen für den Erfolg:

- Die Geschäftsleitung muss entschieden und erkennbar hinter allen mit Qualitätsmanagement verbundenen Aktivitäten stehen.
- Die Teilnehmer müssen mit den verfügbaren Werkzeugen vertraut sein oder entsprechend geschult werden.
- Die Arbeitsgruppen müssen klein und erfolgsorientiert sein und aus engagierten, produktnah ausgerichteten Teilnehmern bestehen.

In der Literatur werden die Begriffe TQC *(Total Quality Control)*, TQM *(Total Quality Management)*, CWOC *(Company Wide Quality Control)*, Kaizen und *Lean Management* nicht präzise gegeneinander abgegrenzt und teilweise sogar synonym verwendet. Andere Autoren dagegen unterscheiden sogar die japanische von der westlichen Variante von TQC.

Die klassische Definition der Qualität konzentriert sich auf das zu beurteilende Produkt:

Nach DIN ISO 8402 ist Qualität (ob positiv oder negativ gesehen) die Gesamtheit von Merkmalen und Merkmalswerten einer Einheit bezüglich ihrer Eignung, festgelegte und vorausgesetzte Erfordernisse zu erfüllen.

In den nachfolgend besprochenen Normen und Konzepten für Qualitätsmanagement sind keine Forderungen an Produkte festgelegt, sondern nur Forderungen an die Prozesse, die das Produkt erzeugen oder an seinem Lebenszyklus beteiligt sind. Ob ein Produkt von „guter Qualität" ist, entscheidet also grundsätzlich allein der Kunde.

Ende 1970 musste XEROX, einer der damals größten Hersteller für Kopiergeräte, feststellen, dass die Marktanteile von XEROX anfingen zu schrumpfen. Der japanische Konkurrent brachte seine Kopiergeräte zu einem Preis auf den Markt, der den Herstellungskosten von XEROX entsprach. Die XEROX-Manager zögerten nicht lange und sandten eine Gruppe von Spezialisten nach Japan, um zu untersuchen, was man an dem Produkt noch verändern könnte, um den Preis zu senken. Die Spezialisten stellten fest, dass es die Herstellungsprozesse waren und nicht alleine die Produktmerkmale, die letztendlich das Produkt gut und preiswert werden ließen.

Wie die Geschichte weitergeht? XEROX startete eine Total-Quality-Management Offensive und lebt sie heute noch. Jetzt gehört XEROX zu den wirtschaftlich erfolgreichsten Unternehmen mit den zufriedensten Kunden.

2.3.1 Kurzer Abriss der QM-Geschichte

Vor dem zweiten Weltkrieg wurde Qualität hauptsächlich sichergestellt, indem man Fehler durch Inspektion beseitigte. Seitdem hat sich das Verständnis von Qualität deutlich gewandelt und weiterentwickelt.

Bereits seit 1965 konzentrierten sich die japanischen Manager im Sinne des Kaizen-Konzepts auf Fehlerverhütung durch Verbesserung der Arbeitsprozesse anstatt auf Fehlerbeseitigung. Japan hat somit über 20 Jahre Vorsprung vor der westlichen Welt.

Kaizen (japanisch) = kontinuierliche Verbesserung; ein langfristiges Konzept für QM, das auf graduelle kontinuierliche Verbesserung der Unternehmensleistung in allen Unternehmensbereichen durch alle Beschäftigten abzielt.

Dieses Konzept wurde nach dem zweiten Weltkrieg in Japan als Reaktion auf die schlechte Qualität der damaligen Billigproduktion entwickelt und entscheidend von der JUSE (Japanese Union of Scientists and Engineers) gefördert.

Die wichtigsten japanischen Vertreter der Qualitätskonzepte sind Kaoru Ishikawa und Masaaki Imai: Durch sie wurden die Qualitätskonzepte um soziale Aspekte erweitert, Qualitätszirkel eingeführt und die kontinuierliche Steigerung des Qualitätsstandards als Erfolgsrezept für das japanische Qualitätsmanagement betont.

Eine der Persönlichkeiten, die hauptsächlich in Japan wirkte, aber weltweit das industrielle Qualitätsgeschehen stark beeinflusste, ist der Amerikaner W. Edwards Deming. Sein Qualitätskreis „Plane-Tue-Prüfe-Handle", mit dem sein Denkmodell für den kontinuierlichen Verbesserungsprozess dargestellt ist, wird heute weltweit zitiert. Die Japaner bezeichnen Deming als „Vater der Qualitätsbewegung" in ihrem Lande. Diese Qualitätsbewegung hat wesentlich zur wirtschaftlichen Erholung Japans beigetragen, denn sie erschloss japanischen Waren neue wichtige Märkte. Ausdruck der dankbaren Anerkennung dafür ist der von der Union of Japanese Scientists and Engineers (JUSE) gestiftete Deming-Preis, der seit 1951 jährlich für eine besonders gute organisatorische Gestaltung des Qualitätssicherungssystems verliehen wird.

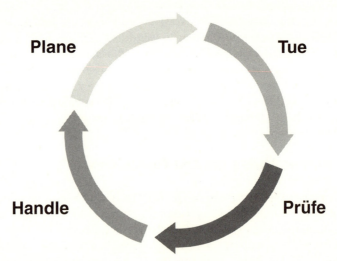

Abbildung 5: Der klassische Deming-Qualitätskreis

Während in Deutschland in den siebziger Jahren noch erhebliche Summen in die Entwicklung immer größerer Hochregallager investiert wurden, führte Japan bereits die Just-in-Time-Produktion ein.

In den USA startete die Qualitätsbewegung mit der Einführung des Malcolm Baldrige National Quality Award (MBNQA) im Jahre 1988. Die Qualitätspreise und Zertifizierungen für Unternehmen sind in Abschnitt 7.1 beschrieben.

1988 gründeten 14 führende europäische Unternehmen die European Foundation for Quality Management (EFQM). Diese konzipierte 1988 ein europäisches Äquivalent zum Malcolm Baldrige National Quality Award – den European Quality Award (EQA). Dieser Award war nach den Umfragen im Jahre 1998, also zehn Jahre später, noch circa 75 Prozent der befragten deutschen Unternehmen unbekannt.

Dafür wurde in Deutschland ab etwa 1990 die ISO-Normenfamilie in die Deutsche Industrienorm (DIN) übernommen und fand damit immer mehr Beachtung. Empfehlungen für Qualität im Projektmanagement wurden von der ISO-Norm erst Ende 1996 erarbeitet (ISO 10006). Diese ISO-Norm wurde bisher noch nicht ins Deutsche übersetzt und übertragen (DIN). Historisch sind die Normen aus militärischen Gründen entstanden. Die Lieferanten wurden von ihren Abnehmern verpflichtet, ihre Produkte nach gewissen Richtlinien herzustellen. Damit sollte verhindert werden, dass der Schuss – im wahrsten Sinne des Wortes – nach hinten losgeht.

Nach vielen weiteren Zwischenschritten entstand die Normenreihe ISO 9000 ff. Sie führte, wie fast alle Normen, zunächst einmal ein Schattendasein. Als die westliche Autoindustrie, erschreckt von der japanischen Industrie-Invasion, plötzlich die Vorteile der Qualitätssysteme erkannte, kam Schwung in ihre Umsetzung. Unternehmen wie Volkswagen, Opel, DaimlerChrysler und BMW verpflichteten ihre Zulieferer, nicht nur bestimmte Preise, sondern auch eine bestimmte Qualität zu gewährleisten.

ISO 9000 wurde neben _Lean Management_ und _Benchmarking_ zum Schlagwort.

Als in der großen Rezession Volkswagens Manager Lopez die Zulieferindustrie um Mithilfe bat, wurde ein funktionierendes Qualitätsmanagement-System zu einem schlagenden Argument in den Vertragsverhandlungen: _Preise runter oder Qualität rauf!_ Da sich die Zulieferer bereits seit einiger Zeit über Preise hart an der Schmerzgrenze beklagten, versprach man dem Kunden bessere Qualität und kürzere Liefertermine.

Inzwischen gibt es in diesem Industriezweig wohl keinen Zulieferer mehr, der nicht eine Zertifizierung nach ISO 900x nachweisen kann.

2.3.2 ISO-Normen

Die ISO (International Standardization Organization) ist das internationale Gegenstück zur DIN (Deutsche Industrienorm).

Das Besondere einer Norm ist die Tatsache, dass sie eigentlich für niemanden verbindlich ist. In den meisten Fällen verlangt jedoch der Markt irgendwann ihre Erfüllung.

Als Beispiel sei die Norm über die Abmessungen von Papier DIN A4 genannt. Wer andere Größen produziert, wird sein Kopierpapier in Europa heute nur schwer verkaufen.

Die ISO 9000 ff. ist eine Normenreihe, die Qualitätsmanagement-Systeme für Unternehmen regelt. Sie besteht in der Hauptsache aus der ISO 9000, einem Leitfaden zur Auswahl und Anwendung der Normen, den ISO 9001 bis 9003 (Nachweisstufen, nach denen die Zertifizierung vorgenommen wird) und der ISO 9004 mit den Teilen 1 bis 7, den Leitfäden zur Anwendung und Ausgestaltung eines Qualitätsmanagement-Systems (QM-System). (Einige der wichtigsten ISO-Normen sind im Literatur- und Quellenverzeichnis, Abschnitt 15.2, aufgelistet.)

Für den Qualitätsverantwortlichen, der sich mit QM-Systemen auseinandersetzt, sind vor allem die so genannten Nachweisstufen 9001 bis 9003 interessant. Hier wird beschrieben, wie Qualität in Unternehmen erreicht werden soll. Dazu werden vor allem die Prozesse innerhalb des Unternehmens beleuchtet. Der vereinfachte Ansatz der ISO-Normen lautet:

„Fehlerfreie Prozesse gewährleisten fehlerfreie Produkte."

Derzeit arbeiten die Normungsausschüsse an einer Weiterentwicklung der ISO-900x-Reihe, an der ISO 2000. Diese Norm soll auf der Basis von ISO 9000 um Elemente des TQM-Konzepts erweitert und somit diesem Konzept angenähert werden.

2.3.3   Elemente des ISO QM-Systems

In der ISO-Normenfamilie werden die so genannten QM-Elemente beschrieben. (Die Begriffe Qualitätsmanagement und Qualitätssicherung werden in der Literatur oft synonym verwendet.) Insgesamt 20 Elemente sind Inhalt eines QM-Systems. Die kurze Zusammenstellung in Tabelle 2 zeigt, was unter den Begriffen zu verstehen ist.

Dies fordert die ISO 9000-Norm von einem zertifizierten Unternehmen[17]:

Qualitätssicherungs- element	Beschreibung der Tätigkeiten
1. Verantwortung der Leitung	Qualitätspolitik festlegen, messbare Ziele setzen, Organisation festlegen, Mittel bereitstellen, Qualitäts-Beauftragten ernennen, QM-Bewertungssystem erstellen
2. QM-System	schriftliche Regelung erstellen, systematische Realisierung, Planung zum QM-System erstellen
3. Vertragsprüfung	Kundenanforderungen prüfen, Abweichung von Ausschreibungen klären, Verfahren für Vertragsänderung
4. Designlenkung	Planung der Produktentwicklung, Designänderung

Qualitätssicherungs-element	Beschreibung der Tätigkeiten
5. Lenkung von Dokumenten und Daten	Verfahren für Erstellung, Prüfung, Freigabe, Revision usw. erstellen und umsetzen
6. Beschaffung	Qualifikation der Lieferanten sicherstellen, Prüfung und Freigabe des Wareneingangs
7. Lenkung der vom Kunden beigestellten Produkte	Prüfung, Lagerung, Instandhaltung *„Beigestellte Produkte" sind Einzelteile, die vom Kunden geliefert werden, mit denen der Lieferant seine Dienstleistung erbringt (Beispiel: Kunde vergibt einen Auftrag zum Massenversand eines Prospektes an ein entsprechendes Unternehmen und liefert dafür die firmeneigenen Briefumschläge zu).*
8. Kennzeichnung und Rückverfolgbarkeit von Produkten	innerhalb des Produktionsprozesses und eventuell auch beim Kunden
9. Prozesslenkung	Planung von Produktion, Montage, Wartung, Überwachung und Instandhaltung
10. Prüfungen	Prüfanweisungen, Eingangs-, Zwischen- und Endprüfungen, Prüfaufzeichnungen, Reaktion bei der Feststellung von Fehlern
11. Prüfmittelüberwachung	erforderliche Genauigkeit von Messungen, Auswahl und Überwachung der Prüfmittel, Reaktion bei der Feststellung von Fehlern
12. Prüfstatus	Prüfstatus des Produktes identifizieren, Freigabe und Weiterleitung, Aufzeichnung
13. Lenkung fehlerhafter Produkte	Systematik, Erfassung und Aufzeichnung, Kennzeichnung, getrennte Lagerung, Weiterbehandlung
14. Korrektur- und Vorbeugemaßnahmen	Analyse von Fehlerursachen, Einleitung von Maßnahmen, Überwachung der Durchführung, Prüfung der Wirksamkeit
15. Handhabung, Lagerung, Vepackung, Konservierung und Versand	Lagerbereiche, Schutzvorkehrungen, Verpackungsmaterial, Kennzeichnung, Entnahme
16. Lenkung von Qualitätsaufzeichnungen	Systematik, Datum und Unterschrift, Aufbewahrung
17. Interne Qualitätsaudits	Interne Prüfung der Prozesse
18. Schulung	Systematik, Qualifikation, Planung, Durchführung, Aufzeichnung
19. Wartung	ordnungsgemäße Durchführung, Informationsrückfluss
20. Statistische Methoden	Feststellung des Bedarfs, Durchführung, Auswertung und Interpretation

Tabelle 2: Elemente eines QM-Systems nach ISO

2.3.4   Total Quality Management

Total Quality Management (TQM) ist ein Konzept für umfassendes unternehmensweites Qualitätsmanagement und wird in der DIN ISO 8402 Norm wie folgt definiert:

> TQM ist eine auf der Mitwirkung aller ihrer Mitglieder beruhende Führungsmethode einer Organisation, die Qualität in den Mittelpunkt stellt und durch Zufriedenstellung der Kunden auf langfristigen Geschäftserfolg sowie auf Nutzen für die Mitglieder der Organisation und für die Gesellschaft zielt. Unter „Mitglieder" wird jegliches Personal in allen Stellen und allen Hierarchieebenen der Organisation verstanden.

Die Ergebnisse des TQM-Konzepts in einem Unternehmen werden durch das Assessment im Rahmen einer Kandidatur für den entsprechenden Qualitätspreis bewertet. Die einzelnen heute existierenden Qualitätspreise sind weiter in Abschnitt 7.1.2 aufgeführt.

In der Literatur wird mehrfach der Versuch unternommen, die ISO-Normen mit dem TQM-Konzept zu vergleichen.[18] Einer der wesentlichen Unterschiede ist, dass im TQM-Konzept auch die wirtschaftlichen Ergebnisse des Unternehmens nach dem Modell für Business Excellence einbezogen werden. Es

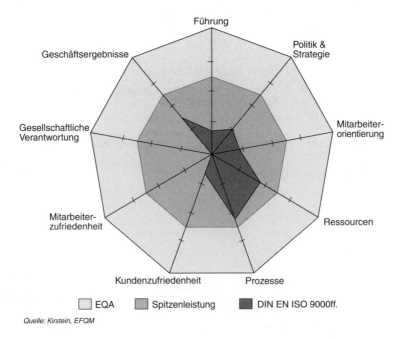

Quelle: Kirstein, EFQM

Abbildung 6: Vergleich der Wirkungsbereiche von ISO 9000 und TQM

ist unmöglich, bei TQM eine gute Bewertung zu erhalten, wenn zu den Prozessen nicht korrespondierende Ergebnisse nachgewiesen werden können.
Eine Übersicht der wesentlichen Unterschiede zwischen ISO und TQM ist in Abbildung 6 dargestellt; sie wurde ursprünglich auf den Internetseiten der deutschen EFQM veröffentlicht. Dabei wird das TQM-Konzept durch den European Quality Award (EQA) repräsentiert; als Maßstab werden die Anforderungen des EQA zugrunde gelegt.
ISO 9000 hat gegenüber dem TQM-Konzept folgende Eigenschaften:
*   ist stark prozessorientiert,
*   bezieht nicht die Mitarbeiterzufriedenheit und die gesellschaftliche Verantwortung in die Betrachtung mit ein,
*   betrachtet Kundenzufriedenheit, Führungsaspekte, Politik und Strategie nur zu einem relativ kleinen Teil.

Mit der neu konzipierten Norm ISO 2000 sollen beide Konzeptionen, die ISO 900x Normenreihe und TQM aufeinander zuwachsen.

2.4   Begriff Qualität im Projekt

> *Vorbeugen ist besser als Heilen.*
> *Volksmund*

In den nachfolgenden Abschnitten wird der Begriff „Qualität im Projekt" in seiner aktuellsten Bedeutung erläutert und mit dem Leitfaden der neuen Norm unterlegt. Schließlich wird der Versuch unternommen, die Daseinsberechtigung für Qualitätsmanagement in Projekten zu begründen.

2.4.1   Wandel im Verständnis des Begriffs Qualität im Projekt

Im klassischen Projektmanagement-Ansatz betraf die Betrachtung der Qualität ausschließlich die durch das Projekt zu erstellende Lieferung – das Produkt. Diese Betrachtungsweise wird auch in allen Projektmanagement-Fachbüchern, die vor 1996 publiziert wurden, vertreten.
Nach neueren Erkenntnissen, unterstützt durch die ISO-Norm 10006, adressiert Qualitätsmanagement im Projektmanagement sowohl die Projektinhalte (also das von dem Projekt zu erstellende Produkt) als auch alle projekt- und produktbezogenen Prozesse. Leider wird dieses Verständnis nicht von allen neueren Publikationen geteilt.[19] Ein Produkt kann sowohl eine materielle Lieferung als auch eine Dienstleistung sein.

Für IT-Projekte wäre also ein mögliches Produkt beispielsweise eine neue Anwendung, ein neues Data-Warehouse, ein neu eingerichtetes und eingeführtes Intranet, das umgezogene Rechenzentrum.

Zu produktbezogenen Prozessen gehören je nach Art des zu erstellenden Produkts beispielsweise die Datenmodellierung, die Programmierung, das Testen, das Versionsmanagement und Roll Out inklusive Anwenderschulung oder technische Umzugsplanung und Logistik.

Die Auflistung der Projektmanagementprozesse kann den Standardwerken oder der ISO 10006 Norm entnommen werden (siehe Abschnitt 2.2, Projektmanagement-Standards oder Abschnitt 2.4.2, ISO 10006).

Qualitätsmanagement-Prozesse sollten nach dem klassischen Deming-Qualitätskreislauf „Plane-Tue-Prüfe-Handle" ablaufen, mit dem Streben nach ständiger Verbesserung. Dazu gehören:

- Qualitätsplanung = Identifikation der für das Projekt relevanten Qualitätsstandards und Festlegung der Metriken sowie der Vorgehensweise für deren Sicherstellung in allen Projektprozessen
- Qualitätssicherung = Fortlaufende Durchführung der geplanten QM-Maßnahmen, Initiierung von Korrekturmaßnahmen und Erfahrungssicherung
- Qualitätskontrolle = Überwachung der Projektergebnisse nach den vorgegebenen Qualitätsstandards

In Abbildung 7 wird die Abgrenzung des Begriffs Qualitätsmanagement im Projekt symbolisch dargestellt.

Ein Projekt ist wie ein Ei. Leider viel zu oft ein „faules" Ei, wenn es nicht in seinem Nest sorgfältig ausgebrütet wird.

Das Eigelb, der „Lebensträger" im Ei, aus dem schließlich der erhoffte Vogel schlüpfen soll, repräsentiert die Projektinhalte: das zu erstellende Produkt und die zur Herstellung des Produkts benötigten Prozesse.

Das Eiweiß, ohne das das heranwachsende Küken nicht leben kann, entspricht den Projektmanagement-Prozessen.

Die Schale, die alles zusammenhält, empfindlich und robust zugleich, steht für die Wissensbasis und Erfahrungssicherung. Und wer schon glückliche Hühner live erlebt hat, der weiß auch, dass der kluge Bauer die leeren Eierschalen zerkleinert an seine Hennen wiederverfüttert und damit die wertvollen Stoffe aus den Eierschalen wiederverwendet.

Um schadensfrei auszubrüten, muss das Ei in ein schützendes und stützendes Nest eingebettet sein: eine stützende Unterlage bilden die Projektziele, eine Wand zur Anlehnung findet es in den gängigen Normen und Qualitätskonzepten, das Dach, um es trocken zu halten, wird schließlich von den Qualitätsmanagement-Prozessen Qualitäts-Planung, -Sicherung und -Kontrolle gebildet.

Auch das schönste Ei in einem perfekten Nest wird zu einem ungeliebten Kuckucks-

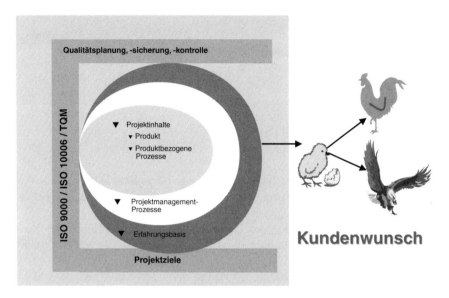

Abbildung 7: Qualitätsmanagement im Projektmanagement

ei, wenn anstelle des vom Bauern erwarteten Zuchthuhns ein Raubvogel aus-
schlüpfen sollte, oder umgekehrt anstelle des vom Förster ersehnten Adlers ein Sup-
penhuhn. Auch hier bestimmt letztendlich der Kunde, ob das, was herauskommt,
die erwartete Qualität hat.

2.4.2 ISO 10006 – Leitfaden für Qualität im Projektmanagement

ISO 10006 ist ein Leitfaden für Qualität im Projektmanagement. In dieser
ISO-Norm wird erstmalig die Qualität im Projektmanagement als ein duales
Ziel gesehen, bei dem sowohl die Qualität des Projektprodukts als auch die
Qualität der Projektprozesse verfolgt werden. Allerdings führt ISO 10006 lediglich die Projektmanagement-Prozesse näher aus, für die produktbezogenen Prozesse wird der Leser an die ISO 9004-1 verwiesen. Ähnlich wie alle
anderen ISO 9000 Normen geht auch die ISO 10006 Norm auf die Produktqualität nicht weiter ein.
Die klassische Definition eines Projekts, bekannt aus den DIN Normen, wurde um die Definition der folgenden Begriffe erweitert:
Stakeholder[20] – dieser Begriff wurde bereits in ISO 9000-1 eingeführt. Er beschreibt „an individual or group of individuals with a common interest in the
performance of the supplier organization and the environment in which it
operates". In dieser Norm werden Stakeholder in alle Qualitätsbetrachtun-
gen einbezogen.

Stakeholder können sein:
- Kunden, Anwender
- Eigentümer, die Organisation, die das Projekt initiierte
- Partner, beispielsweise in Joint-Venture Projekten
- Geldgeber, wie Banken und Geldinstitute
- Subunternehmen, Organisationen, die für die das Projekt ausführende Organisation im Unterauftrag arbeiten
- Institutionen, Ämter und Öffentlichkeit generell
- interne Stakeholder, Mitglieder der Projektorganisation.

Zwischen diesen Stakeholdern können Interessenskonflikte bestehen, die, vor allem wenn sie nicht frühzeitig entdeckt werden, das Projekt negativ beeinflussen können.

Prozess wird als eine Gruppe von untereinander zusammenhängenden Ressourcen und Aktivitäten definiert, die die „Eingaben" zu „Ausgaben" transformieren.

Fortschrittsauswertung wird als Schätzung der Aktivitäten-Ausgaben definiert, die an den entsprechenden Stellen in dem Projekt-Lebenszyklus nach vorher definierten Kriterien vorgenommen wird.

Die Funktion des *Qualitätsmanagements* wird explizit als eine der wichtigen Aufgaben des Projektmanagements definiert.

Ein Projekt wird als eine Folge von untereinander zusammenhängenden *Prozessen* gesehen. Als Basis für die Qualität im Projekt werden folgende fünf *Grundsätze* definiert:

1. Ausschlaggebend ist die bestmögliche Befriedigung der Anforderungen und Bedürfnisse von Auftraggebern und Stakeholder.
2. Die Arbeit im Projekt ist das Zusammenspiel von geplanten und untereinander verbundenen Prozessen. Zur Leitung eines Projektes gehört dementsprechend die Koordination und Integration dieser voneinander abhängigen Prozesse.
3. Die Konzentration auf Qualität muss sowohl das Produkt als auch alle Prozesse abdecken.
4. Das Management ist für die Schaffung einer Umgebung für die Qualität verantwortlich.
5. Das Management ist für die fortwährende Weiterentwicklung (Verbesserung) der Qualität verantwortlich.

In einem weiteren Abschnitt der ISO 10006 wird die Anwendung der oben genannten Qualitätsgrundsätze für die einzelnen Projektprozesse detailliert aufgeführt und besprochen. Es werden insgesamt elf Projektmanagement-Prozesse sowie deren gegenseitige Abhängigkeiten betrachtet:
- strategische Prozesse,
- gegenseitige Abhängigkeiten mit der Umwelt,
- Prozesse zur Abgrenzung der Leistung und der Projektinhalte,

- zeitbezogene Prozesse,
- kostenbezogene Prozesse,
- ressourcenbezogene Prozesse,
- personalbezogene Prozesse,
- Kommunikationsprozesse,
- risikobezogene Prozesse,
- beschaffungsbezogene Prozesse und
- Erfahrungssicherung.

Dabei werden die „klassischen" Projektmanagement-Tätigkeiten wie Projektorganisation, Ressourcen-, Aufgaben- und Kostenplanung, Fortschrittskontrolle, Vertragsmanagement, Risikomanagement, Beschaffung u. a. in Gruppen von miteinander verwandten Prozessen gegliedert. Zu all diesen Prozessen gibt es Hinweise und Empfehlungen zur Einhaltung ihrer Qualität. Zusätzlich zu diesen „klassischen" Bereichen bzw. Prozessen des Projektmanagements werden erstmalig auch die Kommunikation im Sinne von Planung und Steuerung des Kommunikations- und Informationsflusses im Projekt sowie das Besprechungsmanagement gesondert betrachtet. Die Erfahrungssicherung, *Learning* aus dem Projekt, wird ebenfalls behandelt. Es wird hier auf die Wichtigkeit und Notwendigkeit hingewiesen, aus dem laufenden Projekt heraus ein Lernprozess für die weiteren Projektphasen sowie für weitere Projekte zu etablieren. Darüber hinaus wird die entsprechende Vorgehensweise erläutert. Der Projektorganisation wird nahegelegt, ein Projektinformationssystem zu etablieren und dafür zu sorgen, dass auch die Rückmeldungen der Kunden und Stakeholder in diese Informationssammlung einfließen.
Obwohl diese Norm recht hilfreich ist, wird sie von der Projektmanagement-Gemeinde nicht besonders geschätzt. Eins hat diese Norm aber auf jeden Fall erreicht: Durch die kontroversen Diskussionen wurde dem Thema Qualität in Projekten erhöhte Aufmerksamkeit geschenkt. Derzeit laufen Bestrebungen, zu diesem Thema einige detailliertere aktuelle Normen herauszubringen.[21]

2.4.3 Ist Qualitätsmanagement im Projekt notwendig?

Kaum hat sich die Unternehmensleitung an den Einsatz der relativ jungen Methode zur Verwirklichung einmaliger Vorhaben, das „Projektmanagement", gewöhnt, mit ihrem Einsatz angefreundet und sogar Bereitschaft gezeigt, dafür die entsprechenden Mittel zur Verfügung zu stellen, schon kommen die Projektleute und wollen mehr. Sie wollen zusätzlich zum Projektmanagement noch Qualitätsmanagement im Projekt. Das bedeutet zusätzliche Personalressourcen, zusätzlichen Aufwand, zusätzliche Kosten. Eine überzogene Forderung?
In einem Standard-Loseblattwerk der Gesellschaft für Projektmanagement

(GPM), das seit seiner Herausgabe 1994 fortlaufend aktualisiert wird, wird die Frage „Ist für Projekte eine besondere Art der Qualitätssicherung erforderlich?" gestellt und gleich vom Verfasser[22] beantwortet: „In der Regel sind keine besonderen Einrichtungen oder Abteilungen für das Qualitätsmanagement des Projekts selbst erforderlich, wenn das Projektmanagement sein Projekt im Griff hat."

Dies ist zweifellos genauso richtig, wie die Aussage, dass ein Unternehmen, in dem gute Manager arbeiten, die ihr Geschäft verstehen, ebenfalls kein Qualitätsmanagement braucht. Die Praxis, allen voran die Automobilindustrie, hat uns jedoch eines Besseren belehrt. Von den guten Beispielen der TQM-Preisträger können viele Anregungen in das Projektmanagement übernommen werden. (Mehr über Qualitätspreise ist in Abschnitt 7.1.2 zu finden.) Betrachten wir ein Projekt als ein temporäres Unternehmen mit all den Funktionen, Bereichen, Prozessen und Phasen, die ein Unternehmen durchläuft.

Unternehmen	Projekt
Unternehmensgründung	Projektstart
Unternehmensführung	Projektmanagement
Einstellung von Mitarbeitern	Teambildung und Rollenbeschreibung
Personalmanagement	Teammanagement
Marketing und Öffentlichkeitsarbeit	Projektmarketing und -öffentlichkeitsarbeit
Qualitätsmanagement	Qualitätsmanagement
Lernende Organisation	Erfahrungssicherung
Strategie und Organisation	Veränderungsmanagement
…	…
Unternehmensauflösung	Projektende

Tabelle 3: Gegenüberstellung der Funktionen im Unternehmen und im Projekt

Der kleine Unterschied: Im Vergleich zu den Unternehmensprozessen laufen die entsprechenden Prozesse im Projekt wie in einem mehrfach beschleunigten Zeitraffer ab. Wofür sich ein Unternehmen mehrere Jahre Zeit lassen kann, wie beispielsweise die Einführung eines TQM-Konzepts bis zur Award-Reife, muss in einem Projekt in wenigen Wochen Früchte tragen. Unmöglich? Zugegeben, nicht einfach, aber gehen wir es an! Wichtig ist, die TQM-Konzepte der kontinuierlichen Verbesserung unter Einbeziehung der Mitarbeiter zu verstehen und im Rahmen des Möglichen diese Konzepte wenigstens ansatzweise im Projektteam zu leben.

Es ist kein Zufall, dass das Modell zur Beurteilung der Projektexzellenz für den „deutschen projektmanagement award" der GPM ziemlich genau dem des TQM entspricht.

Fazit: Ein integriertes Qualitätsmanagement im Projekt, das ähnlich dem

TQM-Konzept in Unternehmen gelebt wird, wird künftig wettbewerbsbeeinflussend die wirklich guten Projekte von allen anderen unterscheiden.

2.5 Rolle und Profil des Qualitätsmanagers

> *True genius resides in the capacity for evaluation of uncertain, hazardous and conflicting information.*
>
> *Sir Winston Churchill*

Nehmen wir als Basis für weitere Überlegungen folgende als allgemein gültig angesehene Aussage vorweg:

> Für die Qualität im Projekt ist der Projektmanager verantwortlich.

Die Anforderungen an das Wissen, die Anwendungserfahrung und das persönliche Verhalten eines Projektmanagers werden in der IPMA Competence Baseline[23] (ICB) zusammengefasst. Die Rolle des Qualitätsmanagers im Projekt wird in der Fachliteratur grundsätzlich dem Projektmanager zugeteilt. Die Praxis zeigt jedoch, dass analog zu den geteilten Rollen des Managements und des Qualitätsmanagements in einem Unternehmen eine Rollenteilung für Projektmanagement und Qualitätsmanagement in Projekten ebenfalls sinnvoll ist. In diesem Abschnitt sollen die Rollen und Aufgaben des Projektmanagers und des Qualitätsmanagers erläutert, gegeneinander abgegrenzt und die Vorteile sowie die zu beachtenden Konsequenzen einer Rollenteilung aufgezeigt werden.

Beim Studium der umfangreichen Anforderungen an das Wissen, die Kompetenzen und das Verhalten eines Projektmanagers in den Standardwerken verliert man leicht, wie beim Zählen der Äste den Wald, so hier auch das Wesentliche aus dem Auge. Tatsächlich sollte ein Projektmanager vor allem Manager, Unternehmer, Visionär und Motivator sein. Er soll Chancen und Risiken der Zukunft entdecken und sich auf Innovationen einlassen können.[24] Wenn Projekte scheitern, liegt es oft zum großen Teil am Verhalten der Beteiligten. Schon Tom DeMarco, einer der Pioniere für Messverfahren und Techniken bei der Softwareentwicklung, erkannte in seinen späteren Werken: „Projekte scheitern nicht an der Technik, sondern an Menschen." Einige Werkzeuge, die das Teamverhalten durch Optimierung der formellen Kommunikation im Team positiv beeinflussen sollen, werden in Kapitel 6.5 vorgestellt. Die Handhabung dieser Handwerkszeuge wird dem Qualitätsmanager beziehungsweise dem Projektbüro überlassen. Die Rollen und Aufgaben eines Projektbüros werden in Abschnitt 5.3 erläutert.

Der Projektmanager soll hauptsächlich als Führungskraft verstanden werden, die das Team durch alle Projekt- und Teambildungsphasen motivierend zum Ziel führt.[25]
Auch der Qualitätsmanager soll als Führungskraft verstanden werden; dennoch muss er oft kleinlich auf die Durchführung von nicht allzu beliebten Maßnahmen bestehen und dies in einem Team, dem die qualitätsbewusste Projektkultur meistens noch ziemlich fremd ist.
Verglichen mit dem Management eines Unternehmens ist der Projektmanager der visionäre und innovative Juniorchef, der Qualitätsmanager dagegen der wohlmeinende, aber pingelige Controller, der den Juniorchef nach besten Kräften unterstützt, aber auch auf mögliche Gefahren, Versäumnisse und Kosten hinweist.
In Stresssituationen in einem Team, das dem Qualitätsmanagement nicht unbedingt aufgeschlossen gegenübersteht, bewährte sich die auch aus den Polizeikrimis bekannte *good guy/bad guy* – Rollenteilung. Der Projektmanager ist natürlich seinem Team gegenüber immer der *good guy*:

> „Ich hasse es, euch dieses Konzept wieder zurückzugeben, Jungs. Aber unser Qualitätsmanager meint, dass auch alle Abnahmekriterien genau beschrieben werden müssen! Also lasst uns nochmals rangehen ...“

Folgende Fragen tauchen in Workshops und bei der Teambildung der IT-Projekte immer wieder auf:
- Kann der Projektmanager nicht auch die Rolle des Qualitätsmanagers wahrnehmen, da er doch ohnehin für die Qualität verantwortlich ist?

Nein, der Projektmanager sollte sich auf seine Projektmanagement- und Führungsaufgaben konzentrieren. Er kann das Team nicht gleichzeitig nach vorne treiben und wegen Qualitätsmängeln bremsen. Mit zunehmendem Kosten-, Ressourcen- und Termindruck ist er nur allzu schnell bereit, als Erstes an der Qualität zu sparen.[26] (Siehe hierzu auch die Darstellung „Projektziele und Qualität“ in Abschnitt 6.6.) Hier hilft das Vier-Augen-Prinzip bei der Zusammenarbeit mit dem Qualitätsmanager.
Der Qualitätsmanager ist als Berater, Sparringspartner oder Mitmanager zu verstehen, je nach Größe und Komplexität des Projekts und dem professionellen Reifegrad des Projektmanagers. Er sollte ständig oder nach Bedarf in allen Phasen des Projekts involviert und konsultiert werden. Für die Qualität im Projekt ist weiterhin der Projektmanager verantwortlich, im Idealfall fühlt sich auch jedes Teammitglied dafür zuständig. Der Qualitätsmanager sollte auf keinen Fall lediglich der Auditor oder Kontrolleur sein, der alles besser weiß und immer anschließend erklärt, was alles falsch gemacht oder versäumt wurde.
Der Qualitätsmanager sollte durch seinen planerischen und steuernden Einsatz den Projektmanager unterstützen und entlasten und gemeinsam mit ihm den Weg zum Erfolg pflastern. Er ist der Spiegel des Projektmanagers, sein Gewissen und sein Helfer.

* Muss der Projektmanager auch Fachmann in dem jeweiligen Anwendungsbereich sein?
* Muss der Qualitätsmanager ein Spezialist in der Qualitätssicherung des jeweiligen Anwendungsgebiets sein?

Die Anforderungen an das Fachwissen im Anwendungsbereich sind sowohl bei einem Projektmanager als auch bei einem Qualitätsmanager von der Größe und der Komplexität des Projekts abhängig.

Wiederum nehmen wir den Vergleich mit einem Unternehmen zu Hilfe. In einem kleinen Familienunternehmen muss der Boss kräftig mitarbeiten, schrauben und fräsen oder programmieren, je nach dem, was sein Betrieb für den Kunden produziert. In einem Konzern dagegen ist der Konzernchef eher ein Politiker und Stratege. Er sorgt dafür, dass die richtigen Leute zur richtigen Zeit an der richtigen Stelle wirken.

In kleinen Projekten brauchen sowohl der Projektmanager als auch der Qualitätsmanager mehr Fachwissen, damit sie ihre Aufgaben effektiv erfüllen können. In großen und komplexen Projekten müssen sie beide in der Lage sein, die fachbezogenen Aufgaben an gut ausgewählte Teammitglieder kompetent zu delegieren und sich Freiräume für die strategischen und politischen Managementaufgaben freizuhalten. Diese Abhängigkeiten vermittelt grafisch Abbildung 8.

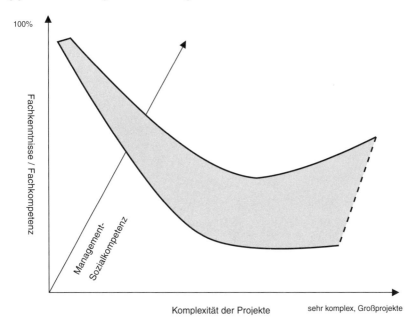

Abbildung 8: Anforderungen an die Qualifikation der Projekt- und Qualitätsmanager in Abhängigkeit von der Projektgröße

Der Qualitätsmanager muss für einen erfolgreichen Einsatz, unabhängig von der Größe des Projekts, zusätzlich eine stark ausgeprägte soziale Kompetenz besitzen:

- Kommunikationsfähigkeit,
- Kontaktfreudigkeit,
- Konfliktlösungsfähigkeit,
- Einfühlungsvermögen,
- emotionale Stabilität,
- Flexibilität,
- Lernfähigkeit,
- Fähigkeit zur Selbstreflexion und
- Gerechtigkeitssinn.

3 Qualität der Projektergebnisse

You can not control
what you can not measure.

Tom DeMarco

Die Betrachtung der Qualität der Projektergebnisse umfasst grundsätzlich zwei Bereiche:
- das im Rahmen des Projekts erstellte Ergebnis/Produkt und
- die zur Erstellung dieses Ergebnisses/Produkts benötigten Prozesse.

Da im vorliegenden Buch IT-Projekte betrachtet werden, ist das zu erstellende Produkt immer eine IT-Lösung. Der Umfang und das Spektrum dieser Lösung können allerdings sehr breit und sehr vielfältig sein.
Ein IT-Projekt kann aus unterschiedlich großen und unterschiedlich gewichteten Anteilen an Hardwarekonzeption, Softwareentwicklung, Systemmanagement und Change-Management sowie Roll-out, der organisatorischen und psychosozialen Umsetzung der Ergebnisse in die Umwelt, bestehen. Alle diese Bereiche bieten ausreichendes Potential für vielfältige Fehlermöglichkeiten. Mit der Integration der neu erstellten IT-Lösung in eine vorhandene vernetzte IT-Umwelt kann jeder unentdeckte Fehler wie bei einem Domino-Effekt kaum absehbare Folgen haben.

In der deutschen und internationalen Presse finden sich immer wieder Berichte über Millionen-Flops in IT-Projekten. Einige Beispiele dafür führt das Wirtschaftsmagazin „IT.Services"[27] auf:
- Bankrott von Firmen aufgrund von Integrationsproblemen bei der Softwareeinführung: Beispielsweise das amerikanische Pharmagroßhandels-Unternehmen Fox Meyer bei der Einführung von SAP, das 1996 Bankrott erklärte oder das deutsche Unternehmen Knürr AG, das einem ähnlichen Schicksal bei der Einführung einer Enterprise-Ressource-Planning-Lösung mit dem amerikanischen Anbieter SSA knapp entging.
- Softwarefehler, die Kommunikationssatelliten im Wert von 1,2 Milliarden Dollar abstürzen ließen: Eine Centaur-Rakete von Lockheed Martin setzte durch Fehler im Steuerungsmodul den Satelliten der US-Airforce vorzeitig ab.
- Softwarefehler, die den Stillstand der Produktion mit rund 100 Millionen Mark Umsatzeinbußen verursachten: Zum Beispiel bei den Kölner Ford-Werken aufgrund eines Softwarefehlers in der Produktionssteuerung eines Zulieferers.
- Softwarefehler, die die Börsengeschäfte zum Stillstand brachten: Ein Softwarefehler in der Netzwerksoftware von MCI-Worldcom war vor kurzem schuld, so

berichtete die internationale Tagespresse, daß es bei der Chicago-Börse zu erheblichen Verzögerungen kam.

Harry Sneed, ein bekannter Fachbuchautor und Softwarewerker, analysiert in seinem Artikel in CW-Extra[28] warum die Risiken der Software-Entwicklung trotz moderner Methoden und Werkzeuge steigen. Dabei stellt er fest: „Software-Entwicklung war schon immer ein risikoreiches Geschäft mit einer hohen Misserfolgsquote. In den siebziger Jahren belegten Studien von Wolverton, Boehm, Brooks, etc., dass ungefähr jedes dritte Projekt zum Scheitern verurteilt war. Heute sieht es nicht viel besser aus."

Die meisten der Flops gelangen verständlicherweise gar nicht an die Öffentlichkeit. Das Magazin „IT.Services" sieht jedoch nicht nur Softwarefehler als Hauptursache für die Millionen-Flops. In vielen Fällen sind solche Flops durch ein ungeeignetes Projektcontrolling und durch Verzögerungen verursacht, für die die Implementierungspartner zeichnen: „Es wird ziellos an einem Projekt herumgewerkelt, Erfolge sind nicht in Sicht – egal, Consultingkosten fallen in aller Regel ja auch dann noch an."

Sneed sieht ebenfalls als Ursache für das Scheitern der IT-Projekte nicht nur das unzulängliche Qualitätsmanagement der Software, sondern darüber hinaus auch:

*   fehlenden Konsens zwischen den Projektbeteiligten, den Anwendern und den Projektträgern,
*   falsche Projektteambesetzung,
*   unzulängliche Berücksichtigung der Ausgangssituation und
*   mangelnde Beteiligung der Anwender.

In einem integrierten QM-Ansatz müssen alle diese Themen behandelt werden. Mit der Qualität des Projektablaufs werden wir uns in Kapitel 4 beschäftigen.

Betrachten wir zunächst nur den Anteil an Softwareentwicklung in einem IT-Projekt. Ein Softwarehaus ist ein Unternehmen, das als Kerngeschäftsprozess Standardsoftware oder Auftragssoftware produziert. Es hat also das größte Interesse daran, diese Produktion so zu gestalten, dass der Durchsatz möglichst wirtschaftlich, fehlerfrei und termingerecht ist. Auf diese Ziele kann das Unternehmen, ähnlich einer Produktionsfabrik, kontinuierlich hinarbeiten und im Laufe der Jahre entsprechende Entwicklungsleitfäden, Richtlinien und Qualitätshandbücher entwickeln.

Zum Thema *Software Engineering*, also einem industriellen Ansatz zur Softwareproduktion, sei der Leser auf die Vielzahl der seit Anfang der achtziger Jahre publizierten Fachbeiträge verwiesen. Zwei Publikationen, sozusagen aus dem Bücherregal der Autorin, seien an dieser Stelle doch konkret erwähnt:

*   *Total Quality Management in der Softwareproduktion* von Reimund Hauer[29], publiziert 1996:
    Hauer, selbst Wirtschaftsingenieur, also Nichtinformatiker, stellt im Rah-

men seiner Dissertation mit ingenieurmäßiger Akribie alle Aspekte einer industriellen Softwareproduktion zusammen und entwickelt Prognosen zu Vorgehen und Umsetzung von TQM für Softwarehersteller. Schon alleine das über 40 Seiten starke Literaturverzeichnis kann einsame Winterabende füllen. Hauer erläutert in seiner Abhandlung alle internationalen Qualitätspreise, bewertet hierzu vergleichend die Modelle zur Qualitätsbewertung der Softwareproduktion, wie das Capability Maturity Model (CMM), den Bootstrap-Ansatz und die DIN/ISO-Normen und gibt Empfehlungen zur Unternehmensführung eines auf Qualität ausgerichteten Softwarehauses.

- *Principles of Software Engineering Management*[30], ein Klassiker, herausgegeben 1988 von Tom Gilb:
Tom Gilbs Werk ist etwas älter. Deswegen sucht der Leser zunächst vergebens nach Begriffen wie Qualitätsmanagement und TQM. Gilb beschreibt sie aber und stellt die Inhalte in einer für amerikanische Fachliteratur oft typisch lockeren, erfrischend praktischen und gut lesbaren Art dar. Nach dieser Lektüre ist der Leser, noch mit einem Lächeln im Gesicht, bereit, sofort zur Umsetzung zu schreiten.[31]

In einem IT-Projekt, in dem das Projekt nach seiner ursprünglichen Definition *einmalig* ist, liegen in der Regel die in den Qualitätsmodellen vorgestellten Produktionshilfsmittel nicht vor oder sind dem Team nicht hinreichend bekannt. In Organisationsformen mit temporär zusammengesetzten Unterauftragnehmern (in Abschnitt 1.3 als Szenario 3 vorgestellt) ist die Softwareentwicklung grundsätzlich als zeitlich knappes F&E-Projekt mit einem nicht eingespielten Team zu betrachten. Hinzu kommt, dass die Entwicklung von Standardwerken wie Qualitätshandbuch, Entwicklungshandbuch u. ä. zu langwierig und nicht im Projektbudget vorgesehen ist. Oft sind es auch nicht die großen Konzepte oder der Mangel an genialen Ideen, an denen Softwareprojekte scheitern, sondern die kleinen Selbstverständlichkeiten, über die jeder glaubt, Bescheid zu wissen, und sich deswegen keine Mühe mehr macht, sie abzustimmen.

Beispiel aus der Praxis:
In einem Data-Warehouse-Projekt traf sich ein kleines Team von Spezialisten, zusammengesetzt aus verschiedenen Unternehmen und Freiberuflern.
Da jeder wusste, worum es ging – schließlich brachten alle mehrere Jahre Erfahrung mit – lasen sie alle die Bussines-Case-Analyse, krempelten ihre Softwareentwickler-Ärmel hoch und fingen an, das Datenmodell zu bauen und zu programmieren. Das große Erwachen kam, als die ersten Datenbankreports erstellt werden sollten: Jeder im Team hatte seine bisherigen Erfahrungen als Norm herangezogen; eine Gesamtabstimmung im Team wurde leider versäumt. So entstand ein Teil des Datenmodells mit englischer Feldbezeichnung, die zweite Gruppe verwendete deutschsprachige Felder. Dies machte die Integration und die Weiterentwicklung nicht gerade leichter ...

In den folgenden Abschnitten werden einige für die IT-Produkte relevanten Normen, Standards und Modelle zusammenfassend vorgestellt. Anschließend werden die Notwendigkeit und die Möglichkeiten für deren Einsatz in IT-Projekten diskutiert.

3.1   Qualitätsplan für Softwareerstellung

> *Haben Sie schon einmal den gleichen dummen Fehler zweimal nacheinander gemacht? Willkommen in der realen Welt.*
> *Haben Sie schon einmal den gleichen dummen Fehler hundertmal nacheinander gemacht? Willkommen in der Welt der Software-Entwicklung.*
>
> Tom DeMarco

In einem guten Software-Qualitätsplan wird zunächst das Zielsystem für die zu erreichende Softwarequalität definiert. Auch hierbei gilt, Qualität ist, was der Kunde will; das heißt im übertragenen Sinne: Das Softwareteam soll nicht einen Porsche entwickeln, wenn der Kunde hauptsächlich Kies transportieren will.

Beispiel aus der Praxis:
Eine große deutsche Bank ließ ein aufwendiges Konzept zur automatischen Datensicherung aller Daten in ihren flächendeckend verteilten Filialen mittels Replika-Datenbanken entwickeln. Die Spezialisten reizten in ihrer Design-Phase die neuesten Möglichkeiten der verfügbaren IT-Technologie aus. Die Zeitfenster für die Sicherung und Wiederherstellung großer Datenmengen im Netz wurden sekundengenau berechnet und durch aufwendige Simulationen verifiziert. Zur Realisierung kam es jedoch nicht.
Bei der Vorgabe der Qualität des Zielsystems gab der Auftraggeber nicht an, dass der Betrieb operatorlos ablaufen muss. Im entwickelten Lösungskonzept wäre einmal in der Woche ein manueller Sicherungsbandwechsel notwendig gewesen. Bei 1000 Filialen und einer halben Stunde Arbeitszeit hätte dies 500 Arbeitsstunden wöchentlich bedeutet, die Stellen hierfür waren jedoch kurz vorher durch eine Vorstandsentscheidung gestrichen worden.

In einem Software-Qualitätsplan wird auch beschrieben, wie diese Ziele implementiert, gemessen und bewertet werden. Dazu werden die Anforderungen, um diese Ziele zu erreichen, zunächst in einzelne Attribute aufgegliedert. Zu jedem Attribut wird erläutert, wie und mit welchem Vorgehen seine Qualität gemessen wird – die Metrik und die Messprozesse. Schließlich werden die Kriterien für das Bestehen dieser Qualitätsprüfung spezifiziert.

Einige der bekannten Qualitätsattribute für Software sind zum Beispiel:

- Funktionalität (diese wird oft in einem gesonderten Pflichtenheft oder Feinkonzept beschrieben),
- Benutzerfreundlichkeit (intuitive Benutzeroberfläche, wenig Schulungsaufwand),
- Zuverlässigkeit (keine Systemabbrüche, stabiler Betrieb),
- Performance (gute Nutzung der Systemressourcen, schnelle Antwortzeiten),
- Wartungsfreundlichkeit (modularer Aufbau, eingebaute Fehlererkennung, Möglichkeit von *Remote-Support*),
- Portabilität (Möglichkeit des Einsatzes auf verschiedenen HW/SW-Plattformen)
- u. a.

Der folgende Ausschnitt aus einem Qualitätsplan skizziert beispielhaft einige der Qualitätssicherungs-Kriterien:

Attribut: Performance

Qualitätsziel: Erhöhe den Durchsatz der Online-Transaktionen

Definition	Metrik	Test/Tool	Vorheriges Produkt	Konkurrenz-Produkt	Zielgröße	Akzeptables Minimum	Erreicht
Durchsatz der Online-Transaktionen	Durchschnittliche Anzahl der Online-Transaktionen pro Stunde	Testlauf mit 40 aktiven Benutzern, 1 Arbeitstag lang	2000	2500	3000	2500	

Qualitätsziel: Minimiere die Antwortzeiten im Benutzerdialog

Definition	Metrik	Test/Tool	Vorheriges Produkt	Konkurrenz-Produkt	Zielgröße	Akzeptables Minimum	Erreicht
Antwortzeiten auf Benutzereingabe	Durchschnittliche Wartezeit auf die Antwort in Sekunden	Messung der Antwortzeiten durch Testbenutzer	10	5	80 % = 1 20 % = 3	90 % = 3 10 % = 5	

Tabelle 4: Beispiel aus einem Qualitätsplan (Auszug)

In einem Qualitätsplan werden auch die verwendeten Methoden, Techniken und Instrumente erläutert. Darüber hinaus werden die an der Softwareerstellung beteiligten Prozesse beschrieben: Änderungs- und Konfigurationsmanagement, Fehlerverfolgung, Testen und Freigabe sowie Erfahrungssicherung.

Außerdem empfiehlt es sich, für jede Phase des Software-Lebenszyklus im Qualitätsplan die entsprechenden Standardlieferungen zu definieren.
Als Orientierung für die Erstellung eines Qualitätsplans dienen die bekannten IEEE- und ISO-Normen und Leitfäden.[32] Ein Beispiel für die Gliederung eines Software-Qualitätsplans ist in Kapitel 11 im Anhang zu finden.

3.2 Modelle zur Prozessverbesserung der Softwareproduktion

Der zweite Bereich, der zur Sicherung der Softwarequalität adressiert wird, betrifft die zur Herstellung der Software notwendigen Prozesse. Zur Verbesserung dieser Softwareprozesse wurden in den letzten zehn Jahren mehrere Modelle entwickelt:
Das älteste Vorgehensmodell ist das *Capability Maturity Model für Software (CMM).*[33] Dieses Model wurde 1987 in den USA beim Software Engineering Institute (SEI) entwickelt. In CMM durchläuft die kontinuierliche Verbesserung der Softwareprozesse stufenweise fünf Reifegrade. In jeder Stufe muss in den definierten Schlüsselbereichen eine gute Qualität erreicht werden, damit die Gesamtorganisation den nächsten Reifegrad im Sinne des CMM erreicht:

1. Stufe: *Initial*
   Diese Stufe wird auch als „adhoc" oder „chaotic" bezeichnet. Es sind keine oder nur wenige Prozesse definiert, der Erfolg hängt von dem „heroischen Einsatz" begabter Mitarbeiter ab.

2. Stufe: *Repeatable*
   In dieser Stufe sind in der Organisation Maßnahmen eingeführt, die ein geordnetes Management der Softwareherstellung gewährleisten. Diese beziehen sich insbesondere auf die funktionellen Anforderungen, Projektplanung und -verfolgung, Qualifizierung der Unterauftragnehmer, Qualitätssicherung und Konfigurationsmanagement.
   Für die Stufe 2 müssen in den genannten Schlüsselbereichen vordefinierte Ziele erreicht werden. Die Abhängigkeit von einzelnen Personen ist in dieser Stufe kleiner. Erfahrungen aus vorhergehenden Projekten werden verwertet; die Erfolge aus früheren Projekten in ähnlichen neuen Projekten werden wiederholbar. Die angenommene Wiederholbarkeit der Erfolge ist ein Hauptmerkmal der Stufe 2 und gab ihr den Namen.

3. Stufe: *Defined*
   Beim Reifegrad der dritten Stufe werden alle Prozesse der Organisation, also sowohl die technischen als auch die Management-Prozesse, definiert und dokumentiert. Es wird angestrebt, für die einzelnen Teilprozesse einheitliche Techniken und Methoden einzuführen. Alle Mitarbeiter erhalten die nötige Ausbildung, um die definierten Prozesse und Methoden verste-

hen und umsetzen zu können. Das Management der Organisation unterstützt das Vorgehen und beteiligt sich an Qualitäts-Reviews. Bei dieser Reifestufe weiß jeder in der Organisation genau, was er tut.

4. Stufe: *Managed*
   Auf dieser Reifestufe kommen zusätzlich zu den qualitativen Zielen der vorherigen Stufe quantitative Ziele zur Messung und Überwachung der Prozessgüte hinzu. Die gemessenen Daten werden organisationsweit gesammelt und gepflegt und bilden somit die Grundlage für Prozessanalysen und -verbesserungen. Bei dieser Reifestufe weiß jeder in der Organisation genau, was er tut und wie gut er das tut.

5. Stufe: *Optimizing*
   Auf dieser Stufe richtet sich die Organisation auf der Basis der gemessenen Daten auf die laufende Optimierung der Softwareprozesse aus. Die Messdaten werden für Kosten-Nutzen-Analysen verwendet, auf deren Basis neue Technologien und Innovationen im Softwareprozess untersucht werden können. Diese Stufe symbolisiert den idealen Zustand eines industriell geprägten Prozessmanagements.

Nach Untersuchungen des Reifegrads von 59 US-amerikanischen Softwareherstellern aus 296 Projekten von 1987 bis 1992 erreichten die Unternehmen die in Tabelle 5 aufgeführten Werte.[34] Interessant ist dabei die Diskrepanz in den einzelnen Reifegrad-Stufen bei der Selbstbewertung und bei einer Bewertung durch SEI.

Reifegrad-Stufe:	1. Initial	2. Repeatable	3. Defined	4. Managed	5. Optimizing
Selbstbewertung	62 %	23 %	11 %	0	0
SEI-Bewertung	87 %	9 %	4 %	0	0

Tabelle 5: Reifegrade US-amerikanischer Softwarehersteller nach CMM

Als Antwort der Europäer auf das CMM wurde im Rahmen eines Projekts Esprit von 1989 bis 1992 unter Beteiligung von europäischen Firmen und Universitäten das Modell *Bootstrap* entwickelt. Dieses Modell basiert auf CMM und legt dieselben Reifegrade zugrunde, berücksichtigt jedoch alle Anforderungen von ISO 9001 und ISO 9000-3. In der bisherigen CMM-Version (1.1) wurde dies nicht berücksichtigt. Bei Beurteilungen des Reifegrads einer Organisation nach Bootstrap werden differenzierte vierstufige Skalen benutzt und Fähigkeitsprofile erzeugt, in denen detailliert die Stärken und Schwächen in dem entsprechenden Bereich beschrieben werden. Zusätzlich gibt es auch ein Profil, mit dem die Wahrscheinlichkeit der Bereitschaft einer Organisation für eine ISO-Zertifizierung berechnet werden kann.
Zum Vergleich sind in Tabelle 6 die prozentualen Anteile der Reifegrade von 37 europäischen Softwareherstellern aus 90 Projekten bis 1993 nach eigenem Bootstrap-Assessment beurteilt.[35]

Reifegrad-Stufe:	1.1	1.2	1.3	1.4	2.1	2.2	2.3	2.4	Restliche Stufen
Selbstbewertung (in %)	16,2	40,5	13,5	2,8	16,2	5,4	5,4	0	0

Tabelle 6: Reifegrade europäischer Softwarehersteller nach Bootstrap

Mit den ISO-Normen werden die Anforderungen an Qualitätssicherung unter dem Blickpunkt der Vertragsgestaltung zwischen dem Kunden und dem Lieferanten betrachtet. Dabei ist die Perspektive von ISO-Normen eher auf die Beschreibung der Anforderungen ausgerichtet, im Gegensatz zu CMM oder Bootstrap, die eher auf die kontinuierliche Verbesserung abzielen.
ISO 9001 mit dem Leitfaden ISO 9000-3 für deren Anwendung auf Entwicklung, Lieferung und Wartung von Software enthält 20 so genannte QM-Elemente, die diese Anforderungen beschreiben.[36] CMM ist ungefähr zehnmal umfangreicher als die entsprechenden ISO-Normen. Ein Stufensystem zur Beurteilung der Reifegrade gibt es nicht. Die Modelle CMM, Bootstrap und ISO überlappen sich erheblich, auch wenn es nicht möglich ist, von einer ISO-Zertifizierung aus auf den CMM- oder Bootstrap-Reifegrad der Organisation zu schließen.
Mit dem Ziel, der Software-Industrie im Sinne der weltweit gültigen ISO 9001 ein einheitliches Modell und einen internationalen Standard zu bieten, haben ISO und IEC den Entwurf von *SPICE* (Software Process Improvement and Capability Determination) initiiert.[37] An dem Projekt SPICE arbeiten Softwareentwickler und Akademiker verschiedener Softwarebereiche aus über 20 Ländern der Welt; die Väter des CMM, das SEI, sind in diesem Projekt ebenfalls dabei. Die erste Version des Entwurfs wurde 1995 vorgestellt. In diesem Modell sollen die besten Eigenschaften der Vorgänger CMM, ISO und Bootstrap zusammengefasst werden.
Alle diese Modelle erfordern einen mittel- bis langfristigen Ansatz und eine nicht unerhebliche Investition in die Umsetzung, Einführung, Dokumentation und Mitarbeiterschulung.

3.3   Qualität der IT-Dienstleistungen

Bisher wurde nur der Anteil der Softwareerstellung eines IT-Projekts betrachtet. Je nach Projektart und Projektphase umfassen IT-Projekte auch unterschiedliche Anteile an IT-Service-Management-Funktionen und -Prozessen. Deshalb soll in diesem Abschnitt kurz auf den De-facto-Standard für IT-Service-Management eingegangen werden. Dieser De-facto-Standard zur Planung, Erbringung und Unterstützung von IT-Dienstleistungen ist in einer etwa 60 Bände umfassenden Bibliothek, der IT-Infrastructure Library (ITIL)[38], beschrieben.

ITIL wurde Ende der achtziger Jahre in England durch CCTA (Central Computer and Communication Agency) unter Einbeziehung von Lieferanten, Anwendern und Beratern entwickelt und wird seither ständig weitergepflegt. Firmen wie Hewlett-Packard oder Siemens übernahmen die ITIL-Grundlagen und entwickelten eigene Referenzmodelle.

ITIL will in erster Linie generell die Geschäftsprozesse und die Aufgaben der IT-Verantwortlichen bei der Gewährleistung einer messbar hohen Servicequalität unterstützen. Dabei sollen der Einsatz und die Effizienz der eingesetzten IT-Infrastruktur ständig verbessert werden.

ITIL definiert die Funktionen, Rollen und Verantwortlichkeiten für die IT-Dienstleistungen. Für diese Funktionen werden detaillierte Ziele und Aufgaben beschrieben. Jedes ITIL-Modul unterstützt die Definition, Bewusstseinsbildung, Planung, Einführung und Erfolgskontrolle der beschriebenen Funktion.

Die wichtigsten IT-Service-Management-Funktionen und deren Ziele sind:

1. Konfigurationsmanagement: Kontrolle über die eingesetzten IT-Komponenten und die damit verbundenen Vermögenswerte; Grundlage für das gesamte IT-Service-Management, insbesondere für wirtschaftliche und qualitativ hochwertige IT-Dienste.

2. Störungsmanagement: Schnellstmögliche Lösung, Steuerung, Verwaltung und Dokumentation der gemeldeten Vorfälle und Probleme, Bereitstellung von Managementinformation, welche die Qualität der erbrachten Dienstleistungen und der eingesetzten IT-Produkte durch Auswertung und Ursachenanalyse beschreiben.

3. Problemmanagement: Minimierung der Auswirkung von Ereignissen durch proaktive Behebung der Ursachen sowie vorbeugende Maßnahmen, Stabilisierung der IT-Dienstleistungen.

4. Änderungsmanagement: Gut vorbereitete und kontrollierte Durchführung der notwendigen Änderungen der IT-Infrastruktur. Risiko und Kosten sollen dabei minimiert werden.

5. Softwarekontrolle und Verteilung: Sicherung und Verwaltung von autorisierten Softwarelizenzen, Freigabe, Verteilung und Inbetriebnahme von Software für die Nutzung.

6. Service-Level-Management: Definition, vertragliche Vereinbarung und Steuerung von Dienstleistungen zwischen IT-Anbietern und IT-Kunden.

7. Kostenmanagement: Verwaltung der Kosten zur Erbringung der zugesicherten Dienstleistungen und zur Leistungsverrechnung.

8. Kapazitätsmanagement: Gewährleistung der Kundenanforderungen bezüglich Transaktionsvolumen, Durchlaufzeiten und Antwortzeiten durch rechtzeitige Bereitstellung der erforderlichen Ressourcen.

9. Verfügbarkeitsmanagement: Sicherstellung eines maximalen Nutzens der IT-Dienstleistungen durch Berücksichtigung von Zuverlässigkeit, Wartbarkeit, Ausfallsicherheit, Servicefähigkeit und Zugriffssicherheit der IT-Infrastruktur.

10. Eventualfall-Planung (*Contingency Planning*): Planung und Durchführung von vorbeugenden Maßnahmen, um die Wahrscheinlichkeit von
Ausfällen zu reduzieren und im Notfall die Dienstleistungen in der erforderlichen Zeit wieder verfügbar zu machen.

Schon alleine diese Auflistung lässt auf den Umfang des durch ITIL abge-
deckten Themenbereichs schließen. Die Nutzung und Umsetzung der ITIL-
Standards erfordert eine langfristige Planung und nicht unerhebliche Investitionen.

3.4   Fazit und der Einsatz in IT-Projekten

> *Dreißig Speichen treffen die Nabe –*
> *die Leere dazwischen macht das Rad.*
> *Lehm formt der Töpfer zu Gefäßen –*
> *die Leere darinnen macht das Gefäß.*
> *Fenster und Türen bricht man in Mau-*
> *ern – die Leere damitten macht die Be-*
> *hausung.*
> *Das Sichtbare bildet die Form eines*
> *Werkes. Das Nicht-sichtbare macht*
> *seinen Wert aus.*
>
> *Lao-tse*

Alle in den vorherigen Abschnitten vorgestellten Ansätze für qualitätssi-
chernde Maßnahmen bei Softwareerstellung und IT-Dienstleistungen dauern
mehrere Monate, meistens sogar Jahre, bis sie die ersten Ergebnisse bringen.
Sie erfordern eine
- langfristige Planung und Investitionen in die Umsetzung,
- intensive Unterstützung des Managements und
- gründliche Ausbildung und Bewusstseinsbildung aller Beteiligten.

Dabei wird der Einsatz dieser qualitätssichernden Maßnahmen auch in der
Softwareindustrie durchaus nicht einheitlich bewertet.
Tom DeMarco, einer der Pioniere im Einsatz der Software-Metriken, erkannte in seinen späteren Werken: *„Wir, die Spezialisten der Software-Metrik,
neigen dazu, mit Ausnahme des Nutzens alles zu messen, was still hält.“*[39] Für
bedenklich hält er es, die Innovation eines Unternehmens durch eine Institutionalisierung zu ersetzen:

> „Sehen wir uns einmal zwei Organisationen an, die jeweils für ihre Messungen bzw.
> den Verzicht auf Messungen bekannt sind: IBM und Microsoft. Es fällt auf, daß die

Neigung zu umfangreichen Software-Messungen bei IBM in einem größeren Rahmen von Aktivitäten zu sehen ist, die bei IBM eine wichtige Rolle spielen und bei Microsoft kaum eine Entsprechung finden: IBM setzt große Stücke auf das Capability Maturity Model (CMM) des Software Engineering Institute, Microsoft nicht. IBM generiert im Verlauf des Software-Lebenszyklus riesige Mengen von Dokumentation, Microsoft fast keine. IBM hat sich der Einhaltung und Zertifizierung des ISO-9000-Standards verschrieben, während Microsoft dem ISO-9000-Standard die kalte Schulter zeigt.

Was haben das SEI-Modell, ausgefeilte Methoden, umfangreiche Dokumentation und die Einhaltung des ISO-Standards gemeinsam? Zusammen könnte man sie als Zeichen der Institutionalisierung interpretieren. Wir bezeichnen Organisationen, die durch alle diese Faktoren charakterisiert sind, gerne als ,Institutionen'. Organisationen, die all das nicht praktizieren, pflegen eine völlig andere Unternehmenskultur. IBM ist eine Institution und Microsoft ist ein sehr großer wirtschaftlicher Organismus, der nach Kräften versucht, keine Institution zu sein."

Als erfahrene Führungskraft eines Datenverarbeitungsbereichs in einem internationalen Technologiekonzern analysiert Uwe Renald Müller in seinem mit dem Schmalenbach-Preis gekrönten Buch kritisch den Stand aktueller IV-Entwicklungen:

„Gäbe es bei der Produktion von Software keine kreativen und innovativen Elemente, dann ließe sich die Vorgangskette wie jeder Fertigungsprozess optimieren und automatisieren. Die Kreativität der Programmierer ist aber nicht determinierbar und damit nicht automatisierbar. Softwareproduktion ist Teamarbeit, die sozialen Fähigkeiten der beteiligten Menschen und insbesondere ihre Fähigkeiten zur Zusammenarbeit sind als die erfolgskritischen Faktoren zu sehen."[40]

In IT-Projekten ist jeder Softwareauftrag ein Forschungs- und Entwicklungsauftrag. Bei temporär zusammengesetzten heterogenen Teams in einem relativ kurzen IT-Projekt wäre es bei einer Projektorganisation, wie sie in der Standortbestimmung in Szenario 3 (Abschnitt 1.3) beschrieben wurde, unrealistisch, neue Qualitätssysteme einzuführen. Dennoch sollte jeder Projektmanager und jeder Qualitätsmanager, der in IT-Projekten aktiv ist, mit diesen Ansätzen vertraut sein; er sollte sich jederzeit kritisch und mit dem Blick auf ihren Nutzen daran orientieren.

Eines sollte der Projektmanager auf jeden Fall durchsetzen: genügend Zeit und Budget für die Einphasung seines Teams auf die gemeinsamen Ziele, auf die Pflege der Projektkultur und des Qualitätsbewusstseins im Team und auf dessen fortlaufende Fachausbildung und Motivation.

Der Umgang mit den notwendigsten Standards, Methoden und Instrumenten für qualitätsbildende Maßnahmen im Projekt wird in Kapitel 6 erläutert.

4 Qualitätsmanagement im Projektablauf

Jedes gelöste Problem ist einfach.

Thomas Alva Edison

Dieses und die nächsten Kapitel befassen sich mit der Umsetzung der wichtigsten Themen in die Praxis: Beispielsweise mit dem Aufsetzen eines Projekt-Lebenszyklus-Modells oder mit der Qualitätssicherung der Projektprozesse. Dabei werden nicht alle bekannten und wichtigen Aufgaben und Aspekte mit gleicher Intensität und Detaillierung behandelt, sondern nur diejenigen ausgewählt und im Detail besprochen, die mit vertretbarem Aufwand die schnellsten Erfolge bringen können.

Angesprochen sind vor allem Projektmanager und Qualitätsmanager bei Generalunternehmer-Projekten in dem bereits öfter erwähnten organisatorischen Szenario 3 (Abschnitt 1.3, Standortbestimmung), deren aus unterschiedlichen Subunternehmen temporär zusammengesetzte Teams in der Regel nicht über gemeinsame Standards und eine gemeinsame Projektkultur verfügen. Aber auch Projekt- und Qualitätsmanager aus Unternehmen, die mittel- und langfristig das Ziel TQM in Projekten anstreben, können mit Umsetzung der vorgestellten Maßnahmen bei den ersten Schritten ihre Erfolge beschleunigen.

Im Anhang (Kapitel 12) sind als Basis für die Qualitätssicherung des Projekts detaillierte Checklisten beigefügt. Diese Checklisten dienen sowohl dem Projektmanager als auch dem Qualitätsmanager als

- Arbeitsvorlage und Hilfe für die Aufsetzung des Projekts,
- „Health Check" eines laufenden Projekts,
- Zusammenfassung der durchgeführten Maßnahmen für die Erfahrungssicherung oder
- Vorlage für die Erstellung eines Projektleitfadens/Projekthandbuchs.

Hier werden nicht alle Fragen aus diesen Checklisten besprochen; die Projekt- und Qualitätsmanager sollten dies jedoch tun. Der virtuelle Auszug der zu besprechenden Fragen aus dieser Checkliste wird im Folgenden als „Interne Checkliste" bezeichnet. Desweiteren wird der Qualitätsmanager nicht immer explizit erwähnt. Es obliegt dem Projektmanager zu entscheiden, welche Rolle er dem Qualitätsmanager im aktuellen Projekt überlässt und welche Aufgaben er an diesen delegiert (siehe auch die Rollenabgrenzung in Abschnitt 2.5).

4.1   Projektphasenübergreifende Betrachtungen

In jeder Projektphase kommen auf den Projektmanager zahlreiche phasenty-
pische Aufgaben und Anforderungen zu. Eine detaillierte Aufgabenbeschrei-
bung und Anleitung enthält beispielsweise der Leitfaden zum Management
von Projekten, Projektportfolios und projektorientierten Unternehmen von
Patzak und Rattay.[41] Dieser Leitfaden behandelt nicht schwerpunktmäßig IT-
Projekte, aber im Unterschied zu vielen anderen guten Fachbüchern wird hier
der Leser phasenorientiert geführt; so kann er sich selektiv gemäß seinem aktuellen Phasenzustand orientieren.

4.1.1   Status quo des Projektreifegrads der Projektumgebung

Es ist hilfreich, sich zunächst einen Überblick über bereits vorhandene Standards, Hilfsmittel, Erfahrungen, Vorgaben und Vorarbeiten zu schaffen. Damit können der Umfang und die Art der anstehenden Qualitäts-Aufgaben im
Projekt richtig abgeschätzt werden. Mit anderen Worten: Der erste Schritt des
Projektmanagers sollte eine Bestandsaufnahme des *Status quo* bezüglich des
Reifegrads des Projektmanagements in der Umgebung sein, in der das aktuelle Projekt ablaufen soll.

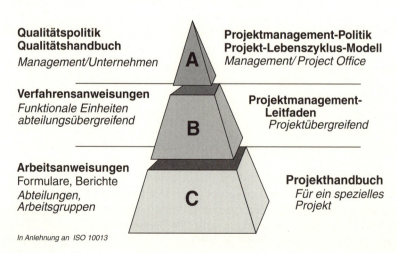

Qualitätssystem: **Projektorientiertes Unternehmen:**

Qualitätspolitik   **Projektmanagement-Politik**
Qualitätshandbuch   **Projekt-Lebenszyklus-Modell**
Management/Unternehmen   **A**   *Management/ Project Office*

Verfahrensanweisungen   **Projektmanagement-**
Funktionale Einheiten   **Leitfaden**
abteilungsübergreifend   **B**   *Projektübergreifend*

Arbeitsanweisungen
Formulare, Berichte   **Projekthandbuch**
Abteilungen,   **C**   *Für ein spezielles*
Arbeitsgruppen   *Projekt*

In Anlehnung an ISO 10013

Abbildung 9: Überblick über die Qualitätsmanagement- und Projektmanagement-
Dokumentation

Qualitätsbewusste produzierende Unternehmen arbeiten nach einer durch das Management vorgegebenen Qualitätspolitik und nach Qualitätsrichtlinien, die in einem Qualitätssystem festgehalten sind. Diese werden in Form von Verfahrens- und Arbeitsanweisungen in Qualitätshandbüchern beschrieben. Analog dazu existieren in Unternehmen mit ausgereifter Projektkultur Management-Richtlinien, Vorgehensmodelle und generelle Leitfäden für die Abwicklung von Projekten. Einen Überblick über diese Qualitätsmanagement-Vorgaben vermittelt Abbildung 9.

Eine der ersten Fragen unserer internen Checkliste zur Analyse des bestehenden Projektmanagement-Reifegrads lautet also: Existiert für das Projekt ein definiertes Lebenszyklus-, Vorgehens- oder Phasenmodell?

Begünstigt sind Projektleiter in projektorientierten Unternehmen mit einem höheren Reifegrad, in denen die Projektarbeit nach einem generellen Projektphasenmodell oder Vorgehensmodell selbstverständlich ist. Leser mit diesem Hintergrund können diesen Abschnitt überspringen.

Ist dies im aktuellen Projekt nicht der Fall, stellt sich für den Projektmanager als Erstes die Aufgabe, den Projekt-Lebenszyklus zu ermitteln und zu beschreiben. In der Fachliteratur werden die Begriffe Lebenszyklus-Modell, Projekt-Phasenmodell oder Projekt-Vorgehensmodell übrigens oft synonym verwendet.

In den ISO-Normen wird der Lebenszyklus eines Produkts in Kreisform dargestellt, um die Wiederholung des Produktionszyklus zu unterstreichen (siehe Abbildung 10).

Das Lebenszyklus-Modell eines Projekts wird mit Hinblick auf seine Einmaligkeit meistens linear wie beispielsweise in Abbildung 11 dargestellt. Die Be-

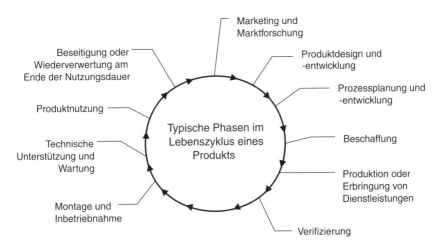

Quelle: ISO 9004

Abbildung 10: Qualitätswirksame Teilprozesse bei der Produktion

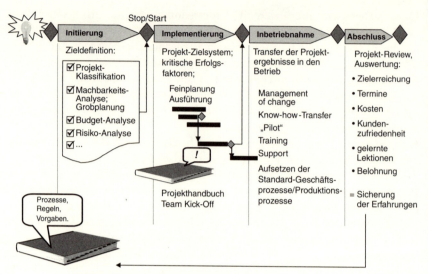

Abbildung 11: Projekt-Lebenszyklus-Modell

zeichnung der einzelnen Phasen dieses Beispielmodells soll dabei nur zur Orientierung dienen. Die Phasen könnten anders benannt oder anders unterteilt werden. Die Phase „Implementierung" könnte beispielsweise in „Analyse", „Design" und „Realisierung" unterteilt werden.

Die Erstellung eines allgemeinen Projekt-Vorgehensmodells ist mit einem nicht unerheblichen Aufwand verbunden. Das fertiggestellte Vorgehensmodell gilt in der Regel als wettbewerbsbeeinflussendes, intellektuelles Kapital des Unternehmens und ist nur zur internen Verwendung vorgesehen.[42] Die nach dem Kenntnisstand der Autorin einzigen veröffentlichten Projekt-Vorgehensmodelle sind:

- PRINCE2, PR*ojects* IN *Controlled* E*nvironments*, ein Vorgehensmodell für Projektmanagement, entwickelt 1989 in England von CCTA (Central Computer and Telecommunications Agency) als Standard für IT-Projekte im Auftrag der Regierung.[43] Dieses Vorgehensmodell wird in England als *„standard project management method for government IT departments"* definiert.

- In Deutschland wurde, ebenfalls von den Bundesbehörden (Bundeswehr, 1986) initiiert, „Das V-Modell" als Standard für die eigene Softwareentwicklung herausgegeben.[44] Dieses Vorgehensmodell wurde 1995 veröffentlicht und zur Nutzung für alle Projekte der öffentlichen Hand empfohlen.

Angesichts der mit der Entwicklung eines solchen Modells verbundenen Kosten ist es nicht verwunderlich, dass diese beiden öffentlich publizierten Modelle im Auftrag der Regierung entwickelt wurden. Beide Modelle adressieren Qualitätsmanagement im Projekt jedoch nur in der klassischen, ausschließlich produktorientierten Sichtweise.

Existiert im Umfeld des Projekts kein unternehmenstypisches Projekt-Vorgehensmodell, muss für das aktuelle Projekt zumindest ein grobes Lebenszyklus-Modell erstellt werden und dies mit dem Ziel, im ganzen Projektumfeld ein einheitliches Verständnis über die Zuständigkeiten und Teillieferungen des Projekts zu erreichen. Dieses Modell lässt sich dann hoffentlich im Rahmen der Erfahrungssicherung für weitere ähnliche Projekte weiterverwenden. Bei der Detaillausarbeitung kann sich der Projektmanager beispielsweise an den oben erwähnten, öffentlich publizierten Modellen orientieren.

> Dieses Vorgehen hat sich beispielsweise bei der Erstellung eines Projektmanagement-Qualitätshandbuchs in einem expandierenden deutschen Media-Markt-Unternehmen bewährt. Orientiert an dem V-Modell wurden von einem dreiköpfigen Qualitätsmanagement-Team die unternehmensspezifischen Vorgaben und Bedürfnisse in ein maßgeschneidertes Modell eingearbeitet. Mit einem Aufwand von ungefähr drei Personenjahren ist das expandierende Unternehmen nach seinen eigenen Angaben für weitere IT-Projekte bestens gewappnet.

Bei der Erstellung des Lebenszyklus-Modells ist wichtig, dass nicht nur die Beschreibung der einzelnen Phasen vorgenommen wird. Entscheidend ist auch die Beschreibung der relevanten Eigentümer (*Owner*), der Ergebnisse und der Übergänge von einer Phase in die andere inklusive aller aus der Phase zu erwartenden Teillieferungen. Diese Beschreibung ist besonders wichtig, wenn sich die Phasen zeitlich überlappen.

In einem Projekt-Lebenszyklus-Modell sollten entsprechend Abbildung 11 beispielsweise folgende Fragen geklärt und dokumentiert werden. (Eine detaillierte Checkliste befindet sich im Anhang, Kapitel 12.)

- Wer hat die zündende Idee, wie wird das Projekt initiiert?
- Initiierung:
  - Wer ist der Owner der Initiierungsphase?
    Oft werden, vor allem in Generalunternehmer-Projekten (wie Szenario 3), die Projektleiter erst zum Zeitpunkt des vergebenen Projektauftrags hinzugezogen. In diesem Fall muss der Projektleiter dafür sorgen, dass ihm alle Ergebnisse der Initiierungsphase vorliegen.
  - Was muss alles vorliegen, damit ein Projektstart erfolgen kann (Projektauftrag mit Machbarkeitsanalyse, Kostenschätzung, Risikoanalyse u. Ä.)?
  - Wer nimmt die Ergebnisse der Initiierungsphase ab, wie werden sie abgenommen und wer gibt den Start frei?
  - Ist die Zieldefinition in der Initiierungsphase abgeschlossen oder soll sie im Rahmen der Implementierung verfeinert werden?

–   Werden die Projektorganisation und der Teamaufbau in der Initiierungsphase
    vorgenommen oder erst nach dem Projektstart?
    Diese Fragestellung ergibt sich bei Auftragsprojekten oft aus rein vertrags-
    bedingten monetären Gründen. Vor dem Vertragsabschluss versucht man in
    der Regel, die Kosten gering zu halten und möglichst keine Ressourcen zu bin-
    den. Das Projektteam wird dann erst nach der Auftragsvergabe zusammenge-
    stellt. Dies führt oft zu Problemen bezüglich der Verfügbarkeit geeigneter
    Fachkräfte.

- Implementierung:
    –   Steht dem Projekt ein Projektbüro mit qualifiziertem Personal zur Verfügung?
        Wenn nicht, ist der Aufbau eines Projektbüros im Projektbudget vorgesehen?
        Die Rolle und die Aufgaben eines Projektbüros werden in Abschnitt 5.3 näher
        erläutert.
    –   Ist die Erstellung eines Projekthandbuchs im Budget vorgesehen?
        Über das Projekthandbuch und seine Bedeutung für die Qualität im Projekt er-
        fährt der Leser mehr in Abschnitt 5.4.
    –   Wer bestimmt die Projektorganisation und stellt die Teammitglieder ein?
    –   Wie und von wem werden die kritischen Erfolgsfaktoren des Projekts unter Ein-
        beziehung der Erwartungen und Befürchtungen der Stakeholder identifiziert und
        dokumentiert?
        In IT-Auftragsprojekten ist der direkte Auftraggeber oft die IT-Abteilung des
        Kunden. Der eigentliche Kunde, also der Nutznießer der Projektergebnisse, ist
        eine Fachabteilung, zu der der Projektleiter des Auftragnehmers in der Regel kei-
        nen direkten Kontakt hat. Diese Konstellation birgt ein erhebliches Risikopo-
        tential.
    –   Wie und von wem werden die Projektziele und die kritischen Faktoren dem
        ganzen Projektteam und dem Projektumfeld vermittelt?
        In welcher Form und mit welchem Inhalt findet ein Projekt-Kick-off-Meeting
        statt?
        Das Thema Projekt-Kick-off-Meeting wird in Abschnitt 4.2.2 detaillierter be-
        handelt.
    –   Wie sind die einzelnen Projektmanagement-Prozesse definiert?
        Ein Denkmodell für das Prozessmanagement im Projekt wird in Abschnitt 4.1.2
        erläutert.
    –   Welche Ergebnisse müssen beim Abschluss der Phase in welcher Form und Qua-
        lität vorliegen und wer nimmt sie in welcher Form ab?
        Die ergebnisorientierte Projektplanung wird in Abschnitt 6.6.1 beschrieben.

- Inbetriebnahme
    –   In welcher Form erfolgt die Inbetriebnahme der Projektergebnisse? Welche Auf-
        gaben und welche Rolle hat dabei das Projektteam?
        Oft ist der Übergang vom Projekt zur Wartung einer IT-Lösung nicht hinrei-
        chend abgegrenzt. Dies führt zur unerwünschten Bindung und Verzettelung des

Projektteams. Der Auftraggeber versäumt dabei oft, rechtzeitig entsprechende eigene Support-Kapazitäten bereitzustellen.

– Wer ist der Owner des Transfers der Projektergebnisse in den Betrieb? Wer bereitet die künftigen Anwender auf die zu erwartenden Veränderungen vor und wie?
Diese Frage stellt sich vor allem dann, wenn das Projekt „schlüsselfertige" Ergebnisse liefern soll, zum Beispiel eine vorab hinreichend spezifizierte Anwendung. In einem solchen Fall hat das Projektteam mit dem künftigen Anwender oft gar keinen direkten Kontakt. Auch diese Situation birgt in sich ein Risikopotential, wenn sie ungeklärt bleibt.

– Welche Ergebnisse müssen in welcher Art vorliegen, damit diese Phase als erfolgreich abgeschlossen gilt?
Diese Ergebnisse müssen alle grundsätzlich so spezifiziert werden, dass sie gemessen und aufgrund dieser Messungen bewertet werden können. Also für die Software-Performance, zum Beispiel, genügt nicht die Angabe „schnell genug", sondern vielleicht die Forderung: „Anzahl der Online-Transaktionen bei 40 aktiven Benutzern muss zwischen 2 500 und 3 000 liegen".

- Abschluss
  – Welche Ergebnisse in welcher Form und Qualität müssen vorliegen, damit das Projekt als abgeschlossen gilt?
  Für diese Ergebnisse gilt, ähnlich wie für Projektphasen-Ergebnisse, aber in verstärktem Maße: sie müssen messbar sein.
  – In welcher Form und mit welchen Teilnehmern werden die Abschluss-Reviews durchgeführt?
  – In welcher Form und von wem wird die Erfahrung aus dem Projekt gesichert?

Die Beantwortung und Abstimmung all dieser Fragen erfordert einen erheblichen Aufwand. Wird dieser jedoch nicht bereits am Projektanfang investiert, sind Qualitätsprobleme beim Projektverlauf vorprogrammiert.

4.1.2 Qualitätssicherung der Projektprozesse

In diesem Abschnitt wird das Denkmodell für ein qualitätsorientiertes Projektmanagement erläutert. Das Modell ist an die Prozessbeschreibung der ISO-Normen sowie an das TQM Lieferanten-/Kunden-Modell angelehnt (siehe auch Abbildung 12).
Bei diesem Denkmodell werden Prozesse als Träger der Handlung und Qualität betrachtet. Weiterhin betrachten wir ein Projekt als eine Ansammlung von Prozessen, die zum großen Teil voneinander abhängig sind. Zu diesen Prozessen gehören sowohl die Projektmanagement-Prozesse als auch die produktbezogenen Prozesse.[45] Für jeden Teilprozess werden seine Lieferanten, seine Kunden sowie die ausführende Organisation (Hersteller) identifiziert.

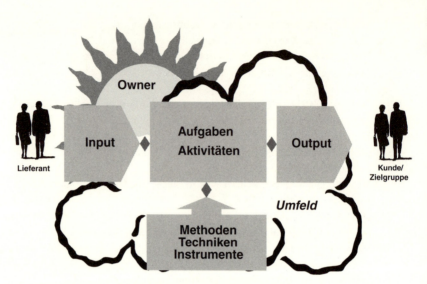

Abbildung 12: Prozessmanagement im Projekt

Die Lieferanten, die Kunden und die ausführende Organisation können dabei im Sinne von TQM auch die einzelnen Teilprojektteams oder Arbeitsgruppen sein.

Für ein durchgängiges Qualitätsmanagement im Projekt ist es wichtig, dass all diese Prozesse und deren Teilprozesse im Projekt identifiziert werden. Außerdem müssen sie mit folgenden Merkmalen und in folgender Weise sowohl aus Hersteller- als auch aus Lieferanten- und Kundensicht spezifiziert werden:

- Welche Aufgabe hat dieser (Teil-)Prozess?
- Wer ist der „Eigentümer" (der für den Prozess verantwortliche *Owner*)?
- Wer ist an den Aktivitäten des Prozesses beteiligt?
- Wer sind die Lieferanten, was wollen sie in welcher Qualität liefern?
- Was erwartet die ausführende Organisation als *Input* von den Lieferanten?
- Wer ist der Kunde?
- Welche Lieferung erwartet der Kunde in welcher Qualität?
- Was will die ausführende Organisation, also der „Hersteller", dem Kunden liefern?
- Welche Methoden, Techniken und Instrumente stehen der ausführenden Organisation zur Erstellung der zu liefernden Ergebnisse zur Verfügung?

Die Schnittstellen zwischen den einzelnen Arbeitsgruppen im Projekt, die zueinander in der Beziehung Lieferant/Hersteller/Kunde stehen, werden als Meilensteine spezifiziert. Meilensteine und ihre Definition sind in Abschnitt

6.6.1, „Ergebnisorientierter Planungsstil", beschrieben. Die genaue Spezifikation der Meilensteine kann sowohl im Rahmen gemeinsamer Planungsaktivitäten als auch asynchron, durch Abstimmung, erstellt werden.

Es ist erstaunlich, welche Ergebnisse mit diesem Vorgehen erzielt werden können. In einem großen internationalen Projekt mit einer Vielzahl miteinander verzahnter Teilprojekte und Teilprozesse wurden alle Arbeitsgruppen gebeten, die identifizierten Schnittstellen zu ihren Lieferanten als *Input-Meilensteine* und die zu ihren Kunden als *Output-Meilensteine* zu spezifizieren.

In einer Herstellungskette bilden dabei zwangsweise die Output-Meilensteine der einen Arbeitsgruppe die *Input-Meilensteine* den nächsten Arbeitsgruppe.

Beispiel: Die eine Arbeitsgruppe (nennen wir sie Autoren) erstellt die Testdrehbücher für eine Anwendung, die andere Arbeitsgruppe (nennen wir sie Tester) soll die Tests durchführen. Die Autoren planen, die Testdrehbücher in Form von strukturierten Anweisungen für Spezialisten zu schreiben. Die Tester erwarten eine ausführliche schrittweise Anleitung in Form eines Kochrezepts. Werden die Diskrepanzen bezüglich dieser Lieferung nicht vorab geklärt, können viele Personentage Arbeit vergeudet, Termine verzögert und Frust generiert werden.

Um Diskrepanzen in der Erwartungshaltung der Lieferanten und Lieferungsempfänger zu entdecken, genügt es bereits, ihre unabhängig voneinander erstellten Schnittstellenspezifikationen zu vergleichen. Stimmen die Definition des Lieferanten für seinen *Output-Meilenstein* mit der Definition des Lieferungsempfängers für seinen *Input-Meilenstein* überein, wird diese Schnittstelle zunächst als geklärt abgehakt. Unterscheiden sie sich, müssen weitere Abstimmungsgespräche stattfinden.

Die Erstellung der technischen Dokumentation ist meist das schwächste Glied in jedem IT-Projekt. Deshalb soll nachfolgend als Beispiel der Prozess der Dokumentationserstellung für eine bestimmte Anwendung definiert werden. Abbildung 13 erläutert dieses Modell für die Erstellung und Qualitätssicherung der technischen Dokumentation grafisch.

Unter technischer Dokumentation werden an dieser Stelle beispielsweise Konzepte, Benutzerhandbücher, Systemhandbücher, Betriebshandbücher und Beschreibungen verstanden, die zum Lieferumfang der erstellten IT-Lösung gehören. Die Erstellung dieser Dokumentation durchläuft in der Regel mehrere Schritte, an denen unterschiedliche Mitglieder des Projektteams beteiligt sind. Das Werkstück „Dokument" durchläuft dabei eine Fertigungskette, deren Übergabeschnittstellen von einem Bearbeiter zum nächsten genau spezifiziert werden sollten. Das Management des Fertigungsprozesses obliegt dem designierten Owner. Dies kann der technische Projektleiter sein, der technische Koordinator oder ein hierfür bestimmter Teilprojektleiter.

Die Inhalte eines Dokuments werden von den Fachspezialisten geliefert, die meistens auch als Autoren zum Erstellen der Texte verpflichtet werden. Der Autor ist auch für die vertikale, das heißt, in die fachliche Tiefe gehende, inhaltliche Richtigkeit und Qualität zuständig.

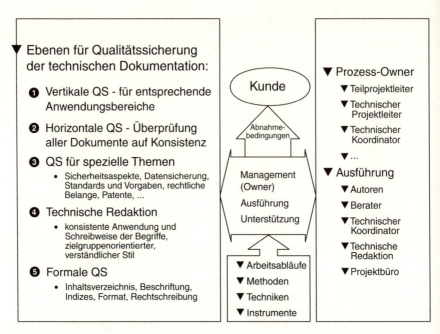

Abbildung 13: Qualitätssicherung der technischen Dokumentation

Die Praxis hat leider gezeigt, dass Texten meistens nicht die Lieblingsbeschäftigung der technischen Spezialisten ist, (vor allem nicht die der jüngeren Hochschulabsolventen) und auch nicht zu ihrer starken Seite gehört. Das bedeutet, dass eine Station der Herstellungskette die technische Redaktion bilden sollte. Hier sorgt der verantwortliche technische Redakteur (*Technical Writer*) für eine zielgruppengerechte Anpassung der Dokumentenstruktur, leserfreundliche Formulierungen sowie für einen einheitlichen und verständlichen Stil des Dokuments.

Für den letzten Schliff und die formelle Qualitätskontrolle ist das Projektbüro zuständig. Hier sollten in der Erstellung von Dokumentation erfahrene Mitarbeiter dafür sorgen, dass das Dokument allen Anforderungen an die Qualität der Dokumentation entspricht und somit folgende Merkmale aufweist:

- Es gehören dazu
  - Autorenverzeichnis, Inhaltsverzeichnis, Tabellenverzeichnis, Abbildungsverzeichnis, Anlagenverzeichnis, entsprechende Beschriftungen aller eingebetteten Objekte (Tabellen, Abbildungen), Index, Glossar, Literatur und Quellenverzeichnis;
  - eindeutige Versionsnummer, Änderungsnachweistabelle, durchgehende Seitennummerierung und Hinweis zu seiner Wiederherstellung (Dokumentenname, Ablagepfad, Formatvorlage, verwendete Dictionaries u. a.);
- die Rechtschreibung ist korrekt und

- es ist einheitlich nach den Vorgaben der *Corporate Identity* des Projekts formatiert.

Für eine IT-Lösung werden in der Regel mehrere Dokumente für unterschiedliche Zielgruppen erstellt (Benutzerhandbuch für den technisch unerfahrenen Anwender, Systemhandbuch für den Spezialisten u. a.). Eine horizontale Qualitätskontrolle stellt sicher, dass all diese Dokumente inhaltlich konsistent und auf dem gleichen korrekten technischen Stand sind. Durch Querlesen aller Dokumente übernimmt in der Regel diese horizontale Qualitätssicherung der technische Teilprojektleiter oder Koordinator.

Für die letzte Qualitätssicherung vor der Abgabe ist es ratsam, in Abhängigkeit vom Thema, Spezialisten als Berater hinzuzuziehen. Sie überprüfen zum Beispiel, ob in dem Dokument möglicherweise Patent- oder Autorenrechte verletzt werden, rechtliche Belange berücksichtigt werden müssen oder Spezialthemen wie Personendatenschutz u. Ä., anzusprechen sind.

Last but not least muss natürlich die Übergabeschnittstelle des Dokuments an den Kunden spezifiziert und mit diesem abgestimmt werden. Dabei sind beispielsweise folgende Fragen zu klären:

- Müssen die Dokumente seitens des Kunden abgestimmt und freigegeben werden? (Dies ist meist bei Konzepten der Fall.) Wenn ja, müssen diesbezüglich vorab alle Prozesse und Zuständigkeiten geklärt werden.
- Auf welchem Medium müssen die einzelnen Dokumente abgegeben werden?

> Bei dem Begriff „Dokument" erscheint bei der älteren Generation der Projektleiter meist automatisch ein Papier vor dem geistigen Auge.
>
> Heute ist es jedoch oft erwünscht, dass die Benutzerdokumentation oder die Betriebshandbücher bereits für den Einsatz im Intranet (also im html-Format) erstellt werden. Es ist hilfreich, wenn die Art und der Umfang der gewünschten Aufbereitung für das Intranet allen Beteiligten vorab bekannt sind.

- Wer behält die Autorenrechte an den Dokumenten, wer ist für deren Aktualisierung zuständig u. a.?

Mängel an Dokumentation wurden bereits in den siebziger Jahren von Barry Boehm als einer der Gründe identifiziert, warum Softwareprojekte scheitern. *„Zu viel in den Köpfen, zu wenig in der Dokumentation"*, bestätigt Anfang 1999 Sneed in seinem Artikel über steigernde Risiken der Softwareentwicklung.[46] Wer sich schon einmal als Projektleiter bis zum Ende des Projekts mit den für IT-Projekte typischen Problemen der fehlenden und unvollständigen Dokumentation auseinandersetzen musste, wird ein reibungsloses Durchlaufen dieser Dokumentations-Erstellungskette zu schätzen wissen.

4.2   Projektauftrag und Projektstart

Ein Geheimnis des Erfolgs ist, den
Standpunkt des Anderen zu verstehen.

Henry Ford

In den folgenden Abschnitten werden zwei Themen besprochen, die am besten noch vor der Auftragsvergabe, spätestens jedoch im Rahmen des Projektstarts angegangen werden sollten: die Abgrenzung des Projektrahmens als Basis für die Vertragsverhandlungen und das richtige Einphasen des Projektteams.

4.2.1   Abgrenzung des Projektrahmens und Umfeldanalyse

Für eine realistische Risikoanalyse, für die Gestaltung des Angebots und der Verträge, aber spätestens zum Projektstart ist es überaus wichtig, das Umfeld des Projekts und seine mögliche Dynamik möglichst genau zu verstehen:

- Welche Geschäftsanforderungen werden von dem Projekt adressiert? Ist anzunehmen, dass sich diese in der Zeit des Projektverlaufs ändern?
- Welche Technologien finden in dem Projekt Verwendung? Gehören sie in die Gruppe der innovativen, sich dynamisch entwickelnden Technologien?
- Welche Ziele, Wünsche und Befürchtungen haben die Stakeholder?
- Was soll auf jeden Fall vermieden werden? (Erläuterung der Negativziele.)
- Sind Einschränkungen oder limitierende Faktoren zum Einsatz bestimmter Technologien bekannt?
- Sind die Auftraggeber bereit, den Projektvertrag ebenfalls „dynamisch" zu gestalten?

> Bei dem starken Wettbewerbsdruck, unter dem IT-Projekte stehen, werden auch die Auftragsprojekte meist als Werkvertrag zum Festpreis vergeben. In Abhängigkeit vom Innovationsgrad der angestrebten Projektlösung ist zu Beginn des Projekts eine realistische Aufwandschätzung kaum möglich. In solchen Projekten sind exzessives Vertrags-Änderungsmanagement, finanzielle Verluste und Frust auf beiden Seiten vorprogrammiert.
> Als eine bewährte Möglichkeit bietet sich an, den Vertrag beispielsweise in Form eines Rahmenvertrags zu gestalten und für die einzelnen Meilensteine (Lieferungen) Einzelverträge zu vergeben. Diese Einzelverträge können sowohl als Beraterverträge (Time and Material) oder als Werkverträge (zum Festpreis) vergeben werden. So können beispielsweise Konzeptphasen für nicht vorauszusehende Wünsche eingefügt werden und die Projektlösungen in kleineren, der technologischen Entwicklung angepassten Schritten vorgenommen werden.

Ein weiteres Problempotential birgt vor allem bei Auftragsprojekten der Begriff „Projektstart" in sich. Wie ist für die ausführende Projektorganisation der Projektstart definiert? Startet das Projekt bereits bei der Aufforderung zur Abgabe eines Angebots oder erfolgt der Projektstart erst mit der Auftragserteilung?

Aus nachvollziehbaren wirtschaftlichen Gründen versuchen die anbietenden Organisationen Kosten, deren Deckung noch nicht sicher ist, zu minimieren. Eine aufwendige Umfeldanalyse wird vor der Auftragsvergabe meist unterlassen. Während der oft zähen und langwierigen Vertragsverhandlungen werden nur die notwendigsten Ressourcen an das Projekt gebunden. Nach der Auftragsvergabe findet man dann oft folgende Situation vor: Die ersten Terminvorgaben sind bereits nur noch mit Verspätung einzuhalten, dem Projekt fehlen die notwendigen Spezialisten, der Projektmanager ist völlig mit der Ressourcenbeschaffung und Terminplanung beschäftigt, für eine detaillierte Umfeldanalyse bleibt keine Zeit mehr übrig, unter dem Motto:

> „Ich habe jetzt keine Zeit, meine Axt zu schärfen, denn bis morgen muss ich diesen Wald abholzen!"

Eine Aufgabe der Qualitätssicherung im Projekt ist es, bildlich dargestellt, sicherzustellen, dass:

– untersucht wird, ob der Wald doch nicht besser stehen bleiben soll und das Holz woanders bestellt wird (wenn nicht die Lichtung das Ziel ist, sondern lediglich Holz gebraucht wird),

– überprüft wird, ob nicht eine Handsäge oder sogar Motorsäge das geeignetere Instrument wäre,

– eingeplant wird, dass der Holzfäller zuerst lernt, mit diesem neuen Gerät umzugehen,

– und dass dieses Gerät anschließend auch regelmäßig geschärft wird.

4.2.2 Projekt-Kick-off-Meeting

> *Wenn du ein Schiff bauen willst,*
> *so trommle nicht die Männer zusammen, um Holz zu beschaffen, Werkzeuge vorzubereiten, die Arbeit einzuteilen oder Aufgaben zu vergeben, sondern lehre alle Männer die Sehnsucht nach dem endlosen weiten Meer.*
>
> *Antoine de Saint-Exupéry*

Kick-off-, Start-up- oder *Set-up-Meetings*, wie auch immer sie genannt werden, werden oft als eine Art Sektempfang im Rahmen der Abschlussfeier bei der Auftragsvergabe gefeiert. Ein solcher Sektempfang ist sicher ein wichtiges gesellschaftlich-politisches Ereignis und sollte auf keinen Fall unterbleiben. *Start-up-Meetings* werden manchmal auch als Lösungsfindungs- und Planungsworkshops für die erste Grobplanung des Projekts gestaltet. Auch das ist hilfreich.

Was aber auf jeden Fall in der Startphase des Projekts stattfinden sollte, ist ein *Team-Kick-off-Meeting* mit folgenden Zielen und Inhalten:

- Kennenlernen der Teammitglieder untereinander. Dies erleichtert später die Bildung einer starken und konfliktbeständigen Gemeinschaft.
- Aufstellen und Abstimmen der „Spielregeln" für den Umgang miteinander im Projekt (siehe Beispiel informelle Kommunikation in Abschnitt 6.5.1).
- Vorstellung und Einführung der zur Verwendung im Projekt vorgesehenen Methoden und Instrumente (siehe Beispiel Regeln für Besprechungsmanagement in Abschnitt 6.5.4, Regeln für ergebnisorientierte Projektplanung in Abschnitt 6.6.1).
- Identifizierung des Handlungsbedarfs für weitere Teambildung (zum Beispiel Konfliktbewältigungs-Workshops, wenn aufgrund einer interkulturellen oder multinationalen Zusammensetzung des Teams Probleme erwartet werden können).
- Identifizierung und Planung des Ausbildungsbedarfs für die im Projekt verwendeten Methoden und Instrumente.
- Erarbeiten eines gemeinsamen Verständnisses für Qualität im Projekt.
- Erarbeiten eines gemeinsamen Verständnisses der positiven und negativen Projektziele und der kritischen Projekt-Erfolgsfaktoren.

Ein solches *Kick-off-Meeting* nimmt in der Regel ungefähr zwei Tage in Anspruch. Es hat sich bewährt, dies außerhalb der normalen Büroumgebung stattfinden zu lassen, beispielsweise auf einer Hütte oder in einem Ferienhotel. So kann das offizielle Programm übergangslos in den informellen Teil am Abend übergehen. Sowohl die Vorgaben als auch anschließend die Ergebnisse des *Kick-off-Meetings* werden im Projekthandbuch festgehalten, damit auch Späteinsteiger ins Projekt die Chance haben, sich mit den vereinbarten Regeln vertraut zu machen. (Inhalt und Zweck des Projekthandbuchs werden in Abschnitt 5.4 detaillierter erläutert.)

4.3 Qualitätsprüfungen

Ein Misserfolg ist die Chance,
es beim nächsten Mal besser zu
machen.

Henry Ford

Unter einer Qualitätsprüfung nach ISO[47] versteht man
* Audit: Überprüfung der Einhaltung der Festlegungen des Qualitätssystems durch speziell dafür ausgebildete Auditoren (intern/extern) als notwendige Voraussetzung für die Zertifizierung.
* Review: Bewertung der Effektivität und Effizienz des Qualitätssystems durch das Management.

Im klassischen Sinne bezieht sich eine Qualitätsprüfung alleine auf die produktbezogene Qualität. Qualitätsprüfungen im Rahmen des Qualitätsmanagements im Projekt sollten beides berücksichtigen: Die *Hard Factors*, wie Qualität der Ergebnisse, Einhaltung der Kosten- und Terminvorgaben, und die *Soft Factors*, eventuelle Reibungen im Projektablauf, Arbeitsatmosphäre im Team, Informationsfluss im Projekt und Qualität der Projektprozesse generell.
Qualitätsprüfungen sollten immer regelmäßig stattfinden. Im Unterschied zu einem Unternehmen wird im Projekt die Regelmäßigkeit nicht durch bestimmte Zeitintervalle definiert, sondern durch Bindung dieser Prüfungen an bestimmte Ergebnisse, Phasenmeilensteine oder Teillieferungen.
Für alle Qualitätsprüfungen müssen vorab folgende Merkmale geplant und abgestimmt werden:
* Teilnehmerkreis,
* Frequenz,
* Ziele und Inhalte,
* Methode und Instrumente,
* erwartete Ergebnisse.

Dabei sollte auch die Ermittlung der Kundenzufriedenheit in den Fachabteilungen und bei den wichtigsten Stakeholdern berücksichtigt werden. In Tabelle 7 wird ein Konzept zur Planung von Qualitätsprüfungen im Projekt erläutert.
Die Qualitätsprüfungen des Produkts werden nach dem vorher aufgestellten Qualitätsplan in den entsprechenden Testreihen überprüft.
Qualitätsprüfungen im Projekt dürfen nicht in die Identifikation der Schuldigen und Zuweisung von Schuld ausarten. Sie müssen im Sinne von TQM auf die Suche nach Verbesserungsmöglichkeiten und -lösungen ausgerichtet sein.

QS-Prüfung	Teilnehmer	Frequenz	Fokus, Ziele und Inhalte	Methode/Instrumente	Ergebnis
Projekt-Phasen-Review	Lenkungs-ausschuss, Management Auftragge-ber/ Auftrag-nehmer	Nach jeder Projektphase oder Teilliefe-rung	1. Überprüfung und Validierung der Projektziele 2. Qualität der Ergebnisse 3. Einhaltung des Budgets 4. Qualität der Pro-jektprozesse 5. Arbeitsatmos-phäre im Team	1. Statusbericht 2. Präsentation der Phasen-ergebnisse 3. moderierte Diskussion	1. Feststellung des Hand-lungsbedarfs 2. Vereinbarung geeigneter Maßnahmen bei Abwei-chungen
Projekt-Ergebnis-Review	Projektteam	Vor der Abgabe der Teillieferun-gen	1. Qualität der Ergebnisse 2. Qualität der Pro-jektprozesse 3. Arbeitsatmos-phäre im Team	1. Checklisten 2. Präsentation der Ergeb-nisse 3. moderierte Diskussion	1. Feststellung des Hand-lungsbedarfs 2. Vereinbarung geeigneter Maßnahmen bei Abwei-chungen
Kunden-zufrieden-heit	Projektleiter, Abteilungs-leiter XY	regelmäßig (jeden 2. Monat)	1. Qualität der In-formation über das Projekt 2. Qualität der Zu-sammenarbeit	1. Dialog/Fach-interview 2. Checkliste 3. Fragebogen	1. Diagramm mit Auswertung 2. Feststellung des Hand-lungsbedarfs 3. Bericht über Abweichungen
Software-qualitäts-Review	Technischer Projektleiter, Entwickler, Tester	Nach Ab-schluss des Tests	1. Einhalten des Qualitätsplans	1. Testberichte 2. Fehlerdaten-bank	1. Feststellung des Hand-lungsbedarfs 2. Vereinbarung geeigneter Maßnahmen bei Abwei-chungen
u. a.	…				
Projekt-Ab-schluss-Review	Lenkungs-ausschuss, Projektteam, Stakeholder	Zeitnah nach dem Projekt-ende	1. Qualität der Ergebnisse 2. Einhaltung des Budgets 3. Qualität der Pro-jektprozesse 4. Arbeitsatmos-phäre im Team 5. Zusammenar-beit 6. Belohnung des Teams	1. Abschluss-bericht 2. Moderierte Gruppenar-beit 3. Metaplan 4. moderierte Diskussion	1. *Learnings* für weitere Projekte 2. Vereinbarung geeigneter Maßnahmen für Erfahrungs-sicherung 3. Gemeinsamer Abschlussbe-richt für die Öffentlichkeit

Tabelle 7: Beispiel eines Konzepts zur Planung der Qualitätsprüfungen im Projekt

Bewährtes Vorgehen:

Alle Qualitätsprüfungen werden nach dem vorgestellten Muster spezifiziert und sowohl mit dem Teilnehmerkreis als auch im Projektteam abgestimmt.

Das abgestimmte Konzept für Qualitätsprüfungen wird in das Projekthandbuch eingefügt und in der weiteren Projektterminplanung berücksichtigt.

5 Projektorganisation

*Zwei Dinge bedrohen ständig
die Welt:
die Ordnung und die Unordnung.*

Paul Ambroise Valéry

Thema dieses Kapitels sind die Aspekte der Projektorganisation, die die Qualität im Projekt direkt beeinflussen. Dazu gehören insbesondere das Projektbüro und das Projekthandbuch.

5.1 Grundsätzliche Betrachtungen

Durch die Projektorganisation werden die Regeln, die Rechte und der Rahmen für eine zeitlich befristete Zusammenarbeit aller Beteiligten während eines Projekts definiert.

Die Einbettung der Projektorganisation in ein Unternehmen ist seit Jahren Gegenstand eines intensiven und teilweise polemischen Meinungsaustauschs der Experten.[48] Organisationsformen wie Matrix-Organisation, Linienorganisation, reine Projektorganisation oder Einfluss-Organisation werden gegenübergestellt, verglichen und diskutiert. Dabei wird meistens nur das in Abschnitt 1.3 als Szenario 1 beschriebene Modell betrachtet, also ein internes Projekt in einem Unternehmen. Andere Organisationsformen, die bei einer Vergabe des Projekts an einen externen Realisierer (siehe Klassifizierung der Szenarios 2 und 3 in Abschnitt 1.3) entstehen können, werden so gut wie nicht diskutiert.

Jede der Organisationsformen mag für ein bestimmtes Projekt in einem bestimmten Szenario gewisse Vorteile bringen. In der Praxis sind ebenfalls Konflikte, die aus der Doppelbelastung der Projektmitglieder in einer in die Linie eingebetteten Projektorganisation resultieren, hinreichend bekannt. Die Ergebnisse aktueller empirischer Untersuchungen[49] zeigen jedoch, dass die Art der Projektorganisation an sich nicht zu den direkten Erfolgsfaktoren gehört. Wichtig ist dagegen, dass die Befugnisse des Projektleiters der Wichtigkeit des Projekts entsprechen. In jedem Fall und bei allen Projekten muss der Projektleiter adäquate Entscheidungsgewalt und Unterschriftenkompetenz besitzen.

In einem dynamisch wachsenden Unternehmen aus der Telekommunikations-Branche sollte im Rahmen eines strategischen IT-Projekts ein umfassendes Netzwerküberwachungssystem entwickelt werden. Das Projekt wurde als strategisch und unternehmenskritisch eingestuft. Da die Vorstellungen und Vorgaben des Unternehmens bezüglich der Funktionalität und Architektur der zu erstellenden Anwendung noch nicht voll ausgeprägt waren, wurde dem Projekt eine Konzeptionsphase vorangestellt, in der diese Vorgaben als Basis für die Realisierung präzisiert werden sollten.

Das notwendige Wissen und die Kapazität, um ein solches Projekt sowohl fachlich als auch methodisch zu leiten und durchzuführen, war in den Reihen der angestellten Mitarbeiter des Unternehmens nicht verfügbar. Die Konzeption wurde als ein Projekt an einen externen Auftraggeber vergeben. Für die Vertretung der eigenen Interessen stellte der Auftraggeber einen externen Spezialisten als Berater und Projektmanager ein. Dieser externe Mitarbeiter wurde – aus der Sicht des Unternehmens zu verstehen – nicht mit dem mittleren Management des Unternehmens gleichgestellt und erhielt deshalb auch nicht die notwendige Entscheidungs- und Unterschriftenkompetenz. Seine Rolle entsprach eigentlich eher der eines Koordinators.

In zahlreichen Arbeitsworkshops und Fachbesprechungen mit den Spezialisten aus dem Unternehmen und mit Unterstützung des Auftraggeber-Projektleiters erarbeitete sich das externe Projektteam ein gut fundiertes Verständnis über den benötigten Funktionsumfang. Das Projekt kam jedoch nur schleppend voran und wurde schließlich noch vor der Realisierungsphase aus finanziellen Gründen durch den Auftraggeber eingestellt. Warum?

Aus der Sicht des Unternehmens war der externe Auftraggeber-Projektleiter ein Niemand. Die strategischen Entscheidungen behielt sich das Unternehmensmanagement vor. Leider fehlte diesem die Fachkompetenz und, da es an den klärenden Arbeitsworkshops verständlicherweise nicht teilnahm, auch das Verständnis für die vorgeschlagenen Konzepte.

Der Auftraggeber-Projektleiter war ein hervorragender Spezialist und Koordinator. Wenn es jedoch um die Freigabe und Abzeichnung einzelner Konzeptschritte ging, musste er jeweils in langwierigen und unvollständigen Klärungsprozessen das Unternehmensmanagement zur Freigabe der Konzeptionsschritte bewegen. Das Projektteam des Auftragnehmers wartete in der Zwischenzeit in teuer bezahlter Untätigkeit auf weitere Aufgaben.

Das Vorhaben war tatsächlich unternehmenskritisch und wurde mit dem traurigen Ende des Projekts nur noch bestätigt. Ohne ein gutes Netzwerkmanagement konnte das Unternehmen auf die Anforderungen des Marktes nicht angemessen reagieren und verschwand kurze Zeit danach in seiner ursprünglichen Organisationsform vom Markt.

Nehmen wir nochmals das Bild „Projekt ist ein temporäres Unternehmen" wie in Abschnitt 2.4.3 beschrieben, zu Hilfe, um die notwendigen organisationsbezogenen Aufgaben zu erkennen:

- Für jedes Projekt müssen sowohl die Aufbau- als auch die Ablauforganisation definiert und abgestimmt sein.
- Im Rahmen der Organisationsdefinition müssen alle Rollen und Aufgaben, vor allem die Zusammenarbeit der Auftraggeber- und Auftragnehmer-Projektteams und -Projektleitung sowie die Einbindung der Stakeholder genau spezifiziert sein.
- Die Informationsflüsse sowie die Kommunikations- und Eskalationswege müssen vorab genau spezifiziert werden.
- Die Teamzusammensetzung muss die Projekt-Kernprozesse unterstützen.
- In der Projektorganisation müssen das Projektmarketing, die Projekt-PR-Aktivitäten und das Veränderungsmanagement (Management of Change) berücksichtigt werden.

Das Thema Projektmarketing, Öffentlichkeitsarbeit (Projekt-PR) wurde in den früheren Projektmanagementpublikationen nicht berücksichtigt. Erst in den neueren Publikationen wird diesem Thema entsprechende Bedeutung eingeräumt.[50] Unter Projektmarketing und PR-Arbeit sollen sowohl alle produktorientierten Marketing- und PR-Aktivitäten als auch das Marketing und PR des Projekts selbst verstanden werden.

Die Ergebnisse von IT-Projekten beeinflussen meistens direkt die Arbeitsplätze und Arbeitsprozesse der Anwender. Die Aufgabe des Veränderungsmanagements besteht darin, das Umfeld und die Anwender dieser Projektergebnisse auf die notwendigen Veränderungen vorzubereiten.

Alle diese Aktivitäten müssen in enger Zusammenarbeit mit dem Management des Auftraggebers geplant und durchgeführt werden.

- Qualitätsmanagement gehört als Stabsfunktion in jede Projektorganisation.
- Alle Projektmitarbeiter und das beteiligte Management (Auftraggeber, Auftragnehmer, Stakeholder) müssen ein genaues einheitliches Verständnis über die vereinbarte Aufbau- und Ablauf-Projektorganisation haben.

Zu klärende Fragen:
– Wer hat direkten Kontakt zu den Stakeholdern (Ämtern, Institutionen o. a.) – ist es die Projektleitung oder der Lenkungsausschuss des Projekts?
– Wer kümmert sich um die Presse?
– Wem ist das Qualitätsmanagement unterstellt?
– Wer gehört in die Projektleitung? (Auftragnehmer, Auftraggeber und deren Zusammenwirken)

Oft wäre es naheliegend, in die Projektleitung großer komplexer IT-Projekte mit dem kaufmännisch-methodischen auch einen technischen Projektleiter in das Projektleitungsteam zu berufen. Diese Lösung findet man in der Regel bei den Anlagenbau-Projekten vor. Bei IT-Auftragsprojekten scheitert dieser pragmatische Ansatz meist an dem Wunsch des Auftraggebers, aus rechtli-

chen Gründen nur einen einzelnen dedizierten Ansprechpartner als Projektleiter zu benennen.

In der neueren Literatur wird die Projektorganisation oft in einer nichthier-
archischen „Blasen-Darstellung" abgebildet. Dies mag zwar den Gedanken
der gleichwertigen Teamarbeit unterstreichen, lässt aber nicht einmal ansatzweise irgendwelche Kommunikations- oder Eskalationswege erkennen. Insbesondere angesichts mancher schneller Rundumschläge per E-Mail ist es
wichtig abzustimmen, wie diese Wege gestaltet sind. Nur so kann sichergestellt werden, dass die Mitarbeiter im Team nicht mit ungeeigneter Information überschüttet werden und andererseits keine wichtige Information ver-
säumen. Bei einer hierarchischen Projektorganisation erfolgt also die Vernet-
zung durch Vereinbarung entsprechender Kommunikationsabläufe im Team.
Die Kommunikationsregeln für die internen Informations-, Eskalations- und
Datenflüsse werden in einem Kommunikationsplan festgehalten. In diesem
Plan sind auch die Wege und Formen für die Kommunikation mit den Stakeholdern und für die Öffentlichkeitsarbeit festgeschrieben. Siehe dazu auch
Abschnitt 6.5.2.

Werden für die Projektarbeit im Projektteam besondere Kompetenzen
benötigt, die nicht durch die Regelungen im Unternehmen abgedeckt sind,
empfiehlt es sich, diese in einer Kompetenzmatrix zu definieren und festzu-
halten. Dies gilt beispielsweise für die Beschaffung des für das Projekt
benötigten Materials, für den Aufbau der Projektinfrastruktur, für Unter-
schriftenberechtigungen für Projektmitarbeiter aus beteiligten Subunterneh-

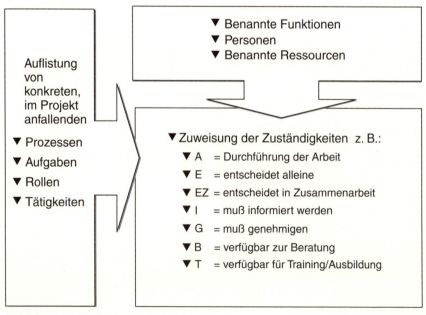

Abbildung 14: Struktur einer Kompetenzmatrix

men, Entscheidungskompetenzen u. Ä. Eine Struktur einer Kompetenzmatrix zeigt Abbildung 14.

Tabelle 8 mit einem Detail aus einer Kompetenzmatrix als Beispiel, wird folgendermaßen interpretiert:

4.1 = Die Beschaffung von Material bis 500 DM pro Vorgang in einem Monat wird vom Projektteammitglied entschieden und erfolgt nach der Genehmigung durch den Teilprojektmanager nach einer vorgegebenen Händlerliste. Der Projektmanager wird hierüber informiert.

4.2 = Über Beschaffungen im Bereich von 501 DM bis 20 000 DM pro Vorgang in einem Monat entscheiden der Teilprojektleiter und der Projektleiter gemeinsam. Der Lenkungsausschuss muss die Beschaffung genehmigen. Sie wird anschließend durch eine Beschaffungsstelle (…) vorgenommen.

Nr.	Aufgabenbeschreibung	LA	PM	TPM	TM	XY	…	Anmerkungen
…								
4.	Beschaffung:							
4.1	Material im Wert < 500 DM pro Vorgang/Monat		I	G	E, A			Händlerliste, siehe Anlage zum Projekthandbuch
4.2	Material im Wert 501 bis 20 000 DM pro Vorgang/Monat	G	EZ2	EZ1		A		
…	…							
8.	Freigabenregelung							
8.1	Funktionskonzepte	I	I			G	I	Siehe Projekthandbuch
8.2	Änderungsanträge	G	EZ2	A, EZ1	T			Siehe Projekthandbuch
…	…							

Legende: **LA** = Lenkungsausschuss **PM** = Projektmanager **TPM** = Teilprojektmanager
TM = Teammitglied **XY, …** = eine andere Projektfunktion

Tabelle 8: Auszug aus einer Kompetenzmatrix

Bewährtes Vorgehen:
Alle organisatorischen Regeln, Rechte und Rollen werden im Projektteam gemeinsam abgestimmt, im Projekthandbuch festgehalten und in der Projektumwelt veröffentlicht. Dadurch soll sichergestellt werden, dass sowohl das Projektteam als auch die nur in Randbereichen beteiligten oder interessierten Stakeholder mit den vereinbarten organisatorischen Vorgaben vertraut sind.

5.2   Organisatorische Stellung des Qualitäts- managements im Projekt

Die organisatorische Einbindung des Qualitätsmanagers in die Projektorganisation erlebt zur Zeit eine widersprüchliche Diskussion. Es werden drei mögliche Alternativen betrachtet, die in Abbildung 15 grafisch dargestellt sind.

a) Das Qualitätsmanagement wird als eine zentrale übergeordnete Aufgabe betrachtet. Der Qualitätsmanager steht sowohl der Projektlenkung als auch dem Projektmanager als externer Berater zur Verfügung.

Diese Regelung bewährt sich bei kleineren Projekten oder in Organisationen mit einer bereits ausgereiften Projektkultur. Der Qualitätsmanager übernimmt die Rolle eines Beraters, Mentors oder Coachs.

b) Das Qualitätsmanagement wird vom Lenkungsausschuss beauftragt und diesem unterstellt. Dieses Konzept lehnt sich an die organisatorische Abbildung des QM in einem Unternehmen an, in dem der Qualitätsmanager in der Regel direkt der Geschäftsleitung unterstellt ist.

Bei dieser Regelung besteht die Gefahr, dass der Qualitätsmanager vom Projektmanager als Überwacher empfunden wird und nicht die notwendige Akzeptanz findet.

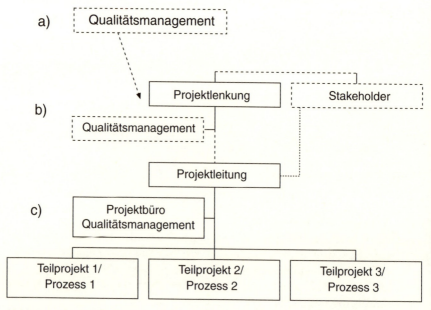

Abbildung 15: Position des Qualitätsmanagements in der Projektorganisation

c) Der Qualitätsmanager gehört zum Stab der Projektleitung. Er ist als Sparringspartner des Projektmanagers in puncto Qualität in alle Projektprozesse einbezogen. Wenn möglich, leitet er das Projektbüro oder sorgt für seinen Aufbau und seine Inbetriebnahme. (Wenn heute überhaupt im Projekt ein Projektbüro etabliert wurde, ist es meist im Sinne eines Projektsekretariats dem Projektmanager unterstellt.)

Diese Regelung bewährt sich bei Projekten oder in Organisationen mit einer noch nicht ausgereiften Projektkultur oder bei einem in diesem Bereich noch unerfahrenen Projektmanager.
Der Qualitätsmanager kann durch Know-how-Transfer die Rolle eines Beraters, Mentors oder Coachs übernehmen, ist aber in der Regel vor allem operativ an der Erstellung der Qualitätspläne und an der Planung sowie Durchführung der Qualitätsmaßnahmen beteiligt. In großen, komplexen Projekten ist er als Teilprojektleiter für alle Qualitätssicherungs-Aktivitäten zu betrachten.

5.3   Rolle und Aufgaben eines Projektbüros

*Progress lives from the exchange
of knowledge.*

Albert Einstein

Die Aufgaben eines „Projektbüros" zu definieren erinnert sehr an das am Anfang dieses Buchs verwendete Gleichnis von den Weisen, die einen Elefanten beschreiben sollten. Die überaus uneinheitliche Verwendung des Begriffs erschwert diese Definition zusätzlich. Für die mehr oder weniger gleiche Institution werden beispielsweise folgende Namen verwendet:

- Project Office bei PMI,
- Project Management Office bei IBM/ IDG,
- Practice Management Office bei UNISYS,
- Center of Competence bei Gardner Group,
- Center of Excellence bei IBM Rochester.

Was ist nun eigentlich ein wie auch immer benanntes Projektbüro und welche Aufgaben soll es wahrnehmen? Projektbüros gab es bereits in den Pionierzeiten des Projektmanagements, als die meisten Pläne noch manuell gezeichnet und die Texte per Schreibmaschine geschrieben wurden. Damals war es hauptsächlich eine Art Projektschreibbüro oder -sekretariat. Die ersten Hinweise auf ein mehr technisch und funktionell ausgerichtetes Projektbüro gab es 1987 in den durch GPM publizierten Periodika.

Heute versteht man unter einem „Projektbüro" nach der Definition von Block und Frame[51] einen Anbieter von Komplett-Service im Bereich Projektmanagement, vertreten durch professionell ausgebildete Spezialisten. Ein solches Projektbüro wird in der Regel von mehreren Projekten oder sogar unternehmensweit genutzt und deckt mindestens folgende Aufgabenbereiche ab:

- Projektunterstützung
  Administration, Erstellung und Pflege der Zeitpläne, Erstellung und Verteilung der Projektberichte, Einsatz von Tools und Methoden, Aktualisierung und Pflege des Projekthandbuchs und des *Project Visibility Room*.
  Project Visibility Room ist dabei das eigentliche physikalische Büro, in dem alle Interessierten und Besucher die Projektinformationen (Projektpläne, Projektablage, Bildmaterial, Dokumentation u.a.) einsehen können.
- Beratung, Coaching und Mentoring
  Bereitstellung von Spezialwissen, Erfahrung und Expertise für interessierte Projektleiter und Projektmitglieder.
- Methoden und Standards
  Entwicklung von unternehmensweit gültigen Methoden und Standards sowie deren Bereitstellung für Projektteams.
- Schulung
  Vermittlung von Standardwissen und Know-how-Transfer an Projektmitarbeiter.
- Projektmanager-Pool
  Ressourcenpool an „ausleihbaren", professionell ausgebildeten Projektmanagern.

Über Projektbüros findet man erstaunlich wenig Literatur und Publikationen.[52] Die meisten Firmen (so auch IBM oder UNSISYS) betrachten alle Angaben über die Organisation ihrer Projektbüros als vertrauliches intellektuelles Kapital und publizieren darüber keine detailliertere Information.

Anlässlich der zweiten europäischen PMI-Konferenz 1998 in München berichtete IDG, eine Tochter von IBM Deutschland, über die Ziele und die Vorgehensweise bei der Einführung eines zentralen Projektbüros. Die Einführung wurde schrittweise und modular über den Zeitraum von mehreren Jahren (ab 1994) vorgenommen. Die daraus gewonnenen Erfahrungen und die offensichtlichen Erfolge veranlassten IBM Deutschland, ab 1999 die Einführung eines Projektbüros als Institution für alle Outsourcing-Projekte in Deutschland zur Pflicht zu machen.

UNISYS etablierte bereits 1996 ein zentrales Projektbüro, Practice Management Office (PMO), mit europäischer Zentrale und Zweigstellen in weiteren europäischen Ländern. Dieses PMO unterstützt alle Geschäftsstellen des Bereichs Information Systems bei projektbezogenen Aktivitäten: Bei der Angebotserstellung, durch Bereitstellung von Methoden, durch Standardisierung und durch das UNISYS-Projekt-Vorgehensmodell TEMmethod, bis hin zu

❶ Projektsekretariat

- Projektadministration, Projektassistenz
- Kommunikationszentrale, „Visibility Room "
- ISO-konforme Dokumentationserstellung
- Projektablage

❷ Zentrale für PM-Dienstleistung und -Unterstützung

- Einsatz von PM-Tools, Methoden und Verfahren
- Unterstützung und Know-how-Transfer an das Team
- QS-Maßnahmen der Projektprozesse

❸ Stabsabteilung für Qualitätssicherung der Projektprozesse

- Projekt-PR und Projektmarketing
- Know-how-Basis und Erfahrungssicherung

❹ Center of Competence >> Center of Excellence

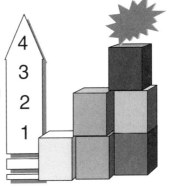

Abbildung 16: Modularer Aufbau eines Projektbüros

der Zertifizierung der Projektmanager. Nach Aussagen von UNISYS-Projektmanagern gehören seit der Einführung des PMO „rote" Projekte zu den Ausnahmen.

Bei den Hewlett-Packard Divisions ist ein Projektbüro seit etwa acht Jahren ein fester Bestandteil der Organisation. Als Integration Center ist es vor allem auf die kundenspezifische Integration und Installation von HP-Produkten auf paneuropäischer und globaler Ebene fokussiert: Seit 1996 wird auch für die Consulting-Bereiche im HP-Vorgehensmodell für Projektmanagement die Einführung eines Projektbüros bedarfsorientiert für große und komplexe Projekte empfohlen.

VDO ist ebenfalls dabei, ab Januar 2000 das bereits etablierte Projektbüro mit professionellen Ressourcen aufzustocken.

Einen möglichen modularen Aufbau eines Projektbüros zeigt Abbildung 16.

Abbildung 17 erläutert die mögliche organisatorische Einbettung des Projektbüros in die Unternehmens- oder Projektorganisation in Abhängigkeit von den in Abschnitt 1.3 vorgestellten Szenarios.

In Szenario 1, also in einem Unternehmen, das wiederholt intern Projekte durchführt, sollte das Projektbüro als eine Stabsabteilung direkt unter der Geschäftsleitung positioniert sein.

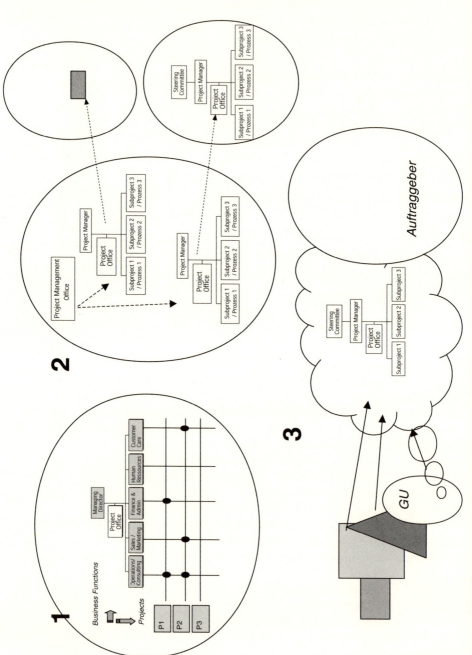

In einem projektorientierten Unternehmen, Szenario 2, werden Mitarbeiter und Dienstleistungen eines zentral etablierten Projektbüros nach Bedarf in die laufenden Projekte „ausgeliehen" (Beispiel UNISYS).

Bei einem Team, das aus Mitarbeitern verschiedener Subunternehmen zusammengesetzt ist, wie in Szenario 3, ist das Projektbüro als Stabsabteilung der Projektleitung der zentrale Träger der gemeinsam aufzubauenden Projektkultur. Ohne ein gut funktionierendes Projektbüro, zumindest in der ersten Ausbaustufe (wie in Abbildung 16 dargestellt), ist die Durchführung von IT-Projekten unter diesem Szenario nur mit Qualitätseinbußen möglich.

Nach den Erfahrungen aus der Praxis sind dies die Erfolgsfaktoren für ein Projektbüro:

* Position als Stabsabteilung, direkt unter der Geschäftsleitung (bei Szenario 1 und 2) oder unter der Projektleitung (bei Szenario 3),
* Schwerpunkt und Ausrichtung auf Unterstützung und Coaching anstelle von Kontrollieren und Überwachen,
* Einstellung von Vollzeit-Fachkräften,
* Bereitstellung von Projektmanagement-Schulung und -Unterstützung für das Projektteam,
* Bereitstellung von Qualitätsmanagement als Dienstleistung für das Projekt,
* schrittweise starten, mit grundlegenden Methoden, Techniken und Instrumenten beginnen,
* fortwährende Publikation der Projektbüro-Dienstleitungen, -Erfahrungen, -Erfolge (permanentes Projektbüro-Marketing).

5.4 Das Projekthandbuch

Der Weg ist das Ziel.

Konfuzius

Für das Qualitätsmanagement im Projekt ist das Projekthandbuch ein überaus wichtiges Instrument. Es enthält eine detaillierte Beschreibung der Projektziele, Projektrisiken und der kritischen Projekt-Erfolgsfaktoren. Es führt alle Stakeholder auf, es dokumentiert die aktuelle Projektorganisation und die Aufgaben und Rollen im Projektteam. Das Projekthandbuch ist gleichzeitig Bestandteil und auch eine Zusammenfassung der im Projekt verabschiedeten und verwendeten Projektmanagement- und Prozessmanagement-Methoden, -Techniken und Regeln.

Es dient gleichzeitig als:
* Checkliste für den Projektmanager zur Berücksichtigung und Abstimmung grundlegender methodischer Planungsschritte,

- Dokumentation der Projektziele, Projektorganisation und der im Projekt eingeführten und verwendeten Methoden und Regeln,
- Referenzhandbuch für das Projektteam,
- Informationsquelle für die Stakeholder,
- Marketinginstrument und
- Vorlage für weitere Projekte der gleichen Art.

In einem mittelständischen Unternehmen sollte zum Ende des Jahres eine Software für die Anlagenbuchhaltung eingeführt werden. Das Unternehmen entschied sich für Standardsoftware, die im Rahmen eines dafür initiierten Projekts den speziellen Belangen des Unternehmens angepasst werden sollte. In einem Auswahlverfahren kamen zwei Kandidaten für die Lieferung und Implementierung der Lösung in die engere Wahl.

Das Projekt startete im Frühjahr, die Pilotinstallation war für November geplant. Das Projekt wurde als „einfach" eingeschätzt, da es sich um eine auf dem deutschen Markt bereits mehrfach installierte Standardsoftware handelte. Die Erreichung des Termins der Inbetriebnahme der Anlagenbuchhaltung zum Jahresende wurde für das Unternehmen jedoch als kritischer Erfolgsfaktor definiert.

Trotz des geringen Innovationsgrades des Projekts durch den Einsatz von Standardsoftware erstellte der Projektleiter, der bereits aus vorangegangenen Projekten gute Erfahrungen mit Projekthandbüchern hatte, auch für dieses relativ kurze und unkomplizierte Projekt ein Projekthandbuch. In diesem Projekthandbuch wurden die Unternehmensziele, kritische Erfolgsfaktoren, Funktionsanforderungen, Schnittstellen zu den anderen Anwendungen des Unternehmens und das Vorgehen für die Implementierung des Systems sowie die Rolle des Lieferanten beschrieben.

Vor dem geplanten Beginn der Implementierung wurde das Projekthandbuch auch dem Lieferanten zur Information und Stellungnahme vorgelegt. Dieser zog daraufhin kurz vor der Vertragsunterzeichnung sein Angebot zurück, da er sich nicht in der Lage sah, die geforderte Funktionalität zu gewährleisten.

Nun wurde das Projekt kritisch. Kurzfristig musste der zweite Kandidat des Auswahlverfahrens aktiviert und auf den aktuellen Stand der Projektplanung gebracht werden. Nach dem Studium des Projekthandbuchs sagte der Lieferant zu, unterzeichnete die Verträge für die Anpassung der Software, Schulung und Beratung und implementierte termingerecht die Anwendung.

Aus der Sicht des Unternehmens hat in diesem Fall das Projekthandbuch zweierlei bewirkt: Durch die exakte Formulierung der Projektvorgaben verhinderte es einen Implementierungsanfang mit einem ungeeigneten Partner und gleichzeitig ermöglichte es den schnellen Einstieg für einen neuen Partner. Der für das Unternehmen kritische Termin der Inbetriebnahme konnte ohne Verluste und Verzögerung erreicht werden.

Ein Beispiel für die Gliederung eines Projekthandbuchs ist im Anhang in Kapitel 10 zu finden.

Das Projekthandbuch darf nicht mit der laufenden Dokumentation des Projekts verwechselt werden. Diese enthält die gesamten Projektunterlagen einschließlich der Projektverträge und besteht meistens aus mehreren Ordnern. Ein Projekthandbuch sollte sowohl informativ als auch repräsentativ und zur Publikation in einem breiteren Projektumfeld geeignet sein (die Projektverträge beispielsweise würde man mit Sicherheit nicht im ganzen Projektteam publizieren wollen).

Ein Projekthandbuch sollte bereits in der Projektinitiierungs- oder Projektstartphase angelegt und während der ganzen Laufzeit des Projekts fortlaufend aktualisiert werden. Dabei ist, wie Konfuzius bereits 400 v. Chr. betonte, der Weg das Ziel. Das heißt, während des Füllens des Projekthandbuchs findet ein wichtiger Abstimmungsprozess sowohl im Team als auch mit dem Auftraggeber statt. Die einmal vorgegebene Standardgliederung sorgt dafür, dass alle Fragen auf ihre Inhalte und ihre Relevanz im Projekt überprüft werden.

Je weniger Standards für die Projektarbeit im Umfeld des Projekts existieren, desto wichtiger ist das Projekthandbuch und desto ausführlicher muss es geführt werden. In einem projektorientierten Unternehmen, in dem ein Vorgehensmodell und ein Projektmanagement-Leitfaden existieren, muss der Projektmanager je nach Projektreifegrad des ganzen Teams abwägen, auf welche Methoden und Regeln nur noch hingewiesen wird; die allgemein bekannten Themen müssen nicht mehr detailliert erläutert werden. Sobald im Projektteam jedoch Mitarbeiter fremder Unternehmen arbeiten oder im Projektumfeld die Projektkultur nicht durchgängig ist, wird die Erstellung und Nutzung eines Projekthandbuchs unumgänglich.

Bewährtes Vorgehen:

Ob nun das Projekthandbuch in der „klassischen" Papierform oder als elektronisches Nachschlagewerk im Intranet eines homogenen Projektteams erstellt werden soll, seine Erstellung zieht sich über das ganze Projekt.

Manche Inhalte müssen bereits vor dem Projektbeginn vorliegen, beispielsweise die Zieldefinition; manche werden in den ersten Wochen des Projekts festgelegt, wie die Projektorganisation; manche ändern sich auch während des Projekts, wie zum Beispiel neue Termine, neue Erkenntnisse über Risiken oder die Zusammensetzung des Projektteams. Erst nach dem Projektabschluss-Review sollte das Projekthandbuch ins Regal wandern.

Im Entstehungs- und Aktualisierungsprozess ist es wichtig, auch Hinweise auf die Informationen aufzuführen, die noch gar nicht oder nicht vollständig vorliegen. Auf diese Weise wird eine weitere Informationsbeschaffung zu diesem Thema erleichtert und für jedermann transparent. Ist beispielsweise in den ersten Wochen des Projekts das Berichtswesen noch nicht definitiv abgestimmt, darf die Gliederungsüberschrift „Berichtswesen" mit allen darunter liegenden Gliederungspunkten trotzdem nicht fehlen. Das Vorhandensein einer leeren Gliederung signalisiert zumindest, dass dort noch Handlungsbedarf besteht. Der Projekthandbuch-Leser soll darüber hinaus noch genauer informiert werden, wann zu diesem Thema neue Information vorliegen wird. Dazu hat sich folgende (von der Funktionalität einer Textverarbeitungssoftware unabhängige) Regel bewährt:

An jeder Stelle im Dokument, zu der noch keine endgültige Information vorliegt, wird in einer so genannten „Autorenklammer" ein Vermerk auf die weitere Beschaffung dieser Information eingetragen. Der Text in einer Autorenklammer identifiziert den Autor und erklärt, was dieser noch zu tun hat, um die fehlende Information zu beschaffen. Dafür wird beispielsweise folgendes Format vereinbart:

((Kürzel oder Name des Verantwortlichen: Erläuterung über die Voraussetzung zur Beschaffung der Information und ihre voraussichtliche Verfügbarkeit))

Beispiel:

((SBB: Die Art und die Frequenz der Berichte an den Lenkungsausschuss werden noch mit dem Kunden abgestimmt. Abstimmungstermin: 25. 10. 1999))

Als Autorenklammer hat sich generell die Doppelklammer bewährt. Diese Zeichenfolge kommt in keiner Programmiersprache vor und kann von jedem Editor oder Browser mit der Suchfunktion schnell wieder gefunden werden. So kann zum Beispiel die Projektassistenz jederzeit nachprüfen, ob und in welchen Punkten noch Handlungsbedarf für ein fertigzustellendes Dokument besteht.

6 Erfolgsfaktoren in Projekten

Das Wichtigste im Leben ist,
zu wissen, was das Wichtigste ist.

Titus Anniua Milo

Beim Lesen guter Projektmanagementfachbücher lässt die Menge der zu berücksichtigenden Faktoren und Methoden den Leser oft verzweifeln. Die meisten Fachpublikationen sind dabei als Wissensspeicher angelegt; mit der Umsetzung in die Praxis wird der Projektmanager alleine gelassen.[53] Der Projektmanager erfährt alles, was er machen soll und vielleicht auch warum. Was er zuerst machen muss und wie er dies angehen soll, wird selten erläutert.
In diesem Kapitel werden mit den Erkenntnissen aus der Praxis einige wenige Bereiche des Projektmanagements detaillierter diskutiert. Es werden die Faktoren herausgestellt, die als kritisch für den Projekterfolg bekannt sind und mit einer höheren Priorität angegangen werden sollten.

6.1 Ergebnisse empirischer Studien

Der Kluge lernt aus seinen Fehlern.
Der Weise lernt aus den Fehlern anderer.

Anonymus

Jeder erfahrene Projektmanager weiß genau, was bei seinen Projekten alles schon mal schiefgegangen ist. Er lernt aus den bekannten Fehlern und seinen Erfahrungen und versucht, diese Fehler in den nächsten Projekten zu vermeiden. Kennt er schließlich alle Problemquellen, ist er wahrscheinlich bereits im reifen Pensionsalter. Jeder Projektmanager weiß aber genau, wann ein Projekt wirklich erfolgreich war, nämlich dann, wenn der Kunde ihn gerne mit einem neuen Projekt beauftragt.
Die Problembereiche in Projekten sind seit Jahren Thema vieler Veröffentlichungen und wurden in zahlreichen empirischen Studien untersucht und ausgewertet. Im Rahmen einer Dissertation an der Universität Karlsruhe[54] wurde die Fragestellung umgedreht. Thomas Lechler fragte sich: „Welche Faktoren bewirken, dass ein Projekt erfolgreich ist?"

Ein erfolgreiches Projekt definiert er dabei wie folgt:

> „Ein Projekt ist erfolgreich, wenn die Beteiligten zufrieden sind und die Qualität der technischen Lösung und die Termin- und Kostenziele insgesamt positiv bewerten."

Die Erfolgsfaktoren im Projekt definiert Lechler folgenderweise:

> „Kritische Erfolgsfaktoren sind die wenigen Dinge, die richtig verlaufen müssen, um den Projekterfolg zu sichern. Sie repräsentieren die Managementbereiche, denen besondere und kontinuierliche Aufmerksamkeit geschenkt werden muss, um hohe Erfolgschancen zu gewährleisten."[55]

Im Rahmen seiner Arbeit fasste Lechler die Ergebnisse von etwa 5 700 Projekten aus 44 bekannten Studien zusammen und verdichtete diese Vielfalt überraschenderweise zu insgesamt elf Erfolgsfaktoren:

- Effizienz und Effektivität der Kommunikation (formeller und informeller) im Projekt,
- Zieldefinition als Qualität des Zielbildungsprozesses und Häufigkeit sowie Intensität der Zieländerungen während der Projektdurchführung,
- Intensität und Effizienz der im Projekt vorgenommenen Planungs- und Steuerungsaktivitäten,
- Interesse und aktive Unterstützung des Projekts durch das Top-Management,
- Projektleiterbefugnisse – die formalen Entscheidungs- und Einflussbereiche des Projektleiters,
- Motivation des Projektteams,
- Know-how des Projektleiters,
- Partizipation des Projektteams an den projektbezogenen Entscheidungsprozessen,
- Know-how des Projektteams und
- Planungs- und Steuerungsinstrumente.

Projekte sind komplexe und interdependente Prozesse; damit sind auch die Erfolgsfaktoren untereinander abhängig. Zur weiteren Betrachtung wird die Interpretation der Relevanz der Erfolgsfaktoren sehr stark vereinfacht. In Abbildung 18 wurden die Erfolgswirkungen in der Reihenfolge ihres prozentualen Anteils der Nennungen aufgelistet und daraus auf die Relevanz der einzelnen Faktoren geschlossen.[56]

Wenn alle Faktoren zusammen für 100 Prozent des Erfolgs relevant sind, decken bereits die ersten vier 57 Prozent, also über die Hälfte des Erfolgspotentials im Projekt ab.

Eine wichtige Erkenntnis ist auch die Bestätigung der Bedeutung des Faktors „Mensch" für den Projekterfolg. Sechs der elf Erfolgsfaktoren (Top-Management, Projektleiterbefugnisse, Motivation, Know-how und Partizipation

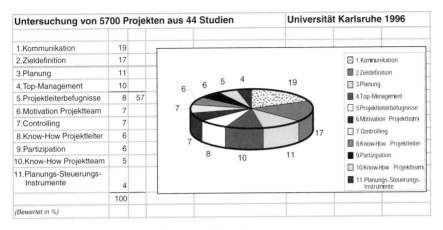

Untersuchung von 5700 Projekten aus 44 Studien			Universität Karlsruhe 1996
1.Kommunikation	19		
2.Zieldefinition	17		
3.Planung	11		
4.Top-Management	10		
5.Projektleiterbefugnisse	8	57	
6.Motivation Projektteam	7		
7.Controlling	7		
8.Know-How Projektleiter	6		
9.Partizipation	6		
10.Know-How Projektteam	5		
11.Planungs-Steuerungs-Instrumente	4		
	100		
(Bewertet in %)			

Abbildung 18: Kritische Erfolgsfaktoren im Projekt

des Projektteams sowie Know-how des Projektleiters) sind „menschliche"
Faktoren, nur vier sind methodische. Als wichtigster Erfolgsfaktor wurde die
Kommunikation im Projekt bestätigt.

Diese Liste birgt eine brauchbare Reihenfolge der Prioritäten in sich. Sie erleichtert die Gewichtung der Schwerpunkte, Kapazitäten und der Aufmerksamkeit des Projektmanagers im Projekt mit einer relativ hohen Chance auf
Erfolg.

6.2   Schwerpunktbereiche für QM-Ansatz
im Projekt

> *Gott, gib mir die Gelassenheit,*
> *die Dinge hinzunehmen,*
> *die ich nicht ändern kann,*
> *den Mut, die Dinge zu ändern,*
> *die ich ändern kann,*
> *und die Weisheit,*
> *das eine vom anderen zu unter-*
> *scheiden.*
>
> *Friedrich Christoph Oettinger*

Nehmen wir an, ein Alien definiert nach dem Studium eines Fachbuchs über Dart-
Scheiben das Ziel eines Dart-Spiels folgendermaßen: „möglichst viele Punkte auf ei-
ner runden flachen Scheibe durch Markierung mit geworfenen Pfeilen erzielen".
Dann wäre es möglicherweise für den ehrgeizigen Alien nahe liegend, die Scheibe

von oben nach unten flächendeckend mit Pfeilen zu pflastern. In diesem Fall würde er wahrscheinlich gewinnen.

Ein Erdling weiß aus jahrelanger Erfahrung, dass er nur eine begrenzte Anzahl an Pfeilen hat, er weiß aber auch, dass er die meisten Punkte in der Mitte erzielt. In einem Spiel gegen den Alien erzielt er mit dieser Spielstrategie möglicherweise nicht die maximale Punktzahl, aber er erzielt sie in jedem Fall schneller und, berechnet auf den Durchschnitt pro Pfeil, effektiver.

Qualitätsmanagement in Projekten lässt sich mit einem solchen Dart-Spiel vergleichen: das Dart-Spiel hat eine begrenzte Anzahl Pfeile (wie in Abbildung 19 dargestellt), und wird von einem motivierten Team nach einer Gewinnerstrategie gespielt.

▼ Projektbüro
▼ Projekthandbuch
▼ Kommunikation
▼ Besprechungsmanagement
▼ Planungs-Stil
▼ QS der Dokumentation

Abbildung 19: Das Dart-Spiel der
Erfolgsfaktoren

Betrachten wir Kommunikation als den wichtigsten Erfolgsfaktor. Sind alle Voraussetzungen für einen qualitativ hochwertigen Fluss der Information und Kommunikation im Projektteam und seinem Umfeld gewährleistet, wird die Chance für Reibungen, Missverständnisse, Versäumnisse und Fehlentscheidungen aufgrund von fehlender, falscher oder nicht aktueller Information minimiert. Gut funktionierende formale Kommunikation stellt sicher, dass die richtigen Leute zur richtigen Zeit korrekt und vollständig informiert sind. Gut funktionierende informelle Kommunikation schweißt das Team zusammen und lässt es auch in Krisenzeiten flexibel reagieren. Die Mehrzahl der restlichen Erfolgsfaktoren wird durch geeignete Kommunikationsmaßnahmen direkt oder indirekt beeinflusst.

Für all dies braucht man im Projekt geeignete Hilfe und die richtigen Instrumente:

- Ein informatives und aktualisiertes *Projekthandbuch*, wie in Abschnitt 5.4 besprochen, ist ein Nachschlagewerk und Abstimmungsinstrument zugleich. Es hilft neue Projektmitarbeiter, die in späteren Projektphasen hinzukommen, auf das Projekt einzuphasen. Da das Projekthandbuch auch im Projektumfeld publiziert wird, werden auch die Stakeholder und Top-Manager in den Projektinformationsfluss mit einbezogen. Auf diese Weise können sie ihre Anregungen und Bedenken zu allen beschriebenen Themen rechtzeitig äußern.
- Ein gut funktionierendes *Projektbüro* in einer der Projektgröße entsprechenden Skalierung (wie in Abschnitt 5.3 besprochen) ist gleichzeitig eine überaus wichtige Kommunikationsplattform. Es ist auch das Support-Zentrum, das die Einhaltung und Beherrschung aller eingeführten und im Projekthandbuch erläuterten Regeln und Methoden für die restlichen Erfolgsfaktoren gewährleistet.

Die beiden ersten Voraussetzungen und wichtigsten Instrumente für Qualitätsmanagement im Projekt sind somit ein gut funktionierendes Projektbüro und ein „gelebtes" Projekthandbuch. Beides kann der Projektmanager oder der Qualitätsmanager direkt beeinflussen.

In den folgenden Abschnitten werden nur diejenige Erfolgsfaktoren besprochen, mit denen man die höchste Punktzahl erreichen kann.

6.3 Erfolgsfaktor Projektteam

Bereits 1981, also in einer, was das Projektmanagement betrifft, ziemlich technokratischen Zeit, unterstrich Dworatschek[57] in einem Vortrag bei der damaligen Internationalen Vereinigung der Projektmanager INTERNET (der heutigen IPMA) den Zusammenhang zwischen einer wirksamen Projektabwicklung inklusive einem erfolgreichen Projektabschluss und der adäquaten Behandlung der Human-Faktoren eines Projekts. Für Dworatschek galt als Voraussetzung für einen optimalen Projektteam-Geist und eine hohe Arbeitsidentifikation die planvolle Personalentwicklung im Projektmanagement.

In innovativen IT-Projekten besteht das Projektteam überwiegend aus Hochschulabsolventen mit einem Durchschnittsalter von meist nicht viel höher als 30 Jahren.

Uwe Renald Müller fasst in seinem mit dem Schmalenbach-Preis dotierten Buch[58] die Erfahrungen mit Berufsanfängern wie folgt zusammen:

„Um mit dem Positiven anzufangen: die Absolventen unserer Hochschulen verfügen meist über ein ausgezeichnetes Fachwissen, sind selbstbewusst, motiviert und leistungsbereit.

Wenn man sich vergegenwärtigt, dass die meisten Hochschulabgänger, rechnet man noch die Schulzeit hinzu, ungefähr 20 Jahre Ausbildung durchlaufen haben, dann sind die nachfolgend geschilderten Schwächen im Hinblick auf ihre Häufigkeit und Ausprägung doch etwas überraschend.

So zeigen sie fast einheitlich Defizite

- in der Zusammenarbeit
  - da sie nicht gelernt haben, mit oder in einer Gruppe ein Ziel zu erreichen,
  - mit anderen Menschen partnerschaftlich umzugehen oder
  - effizient zu kommunizieren;

- im Gebrauch der deutschen Sprache
  - sowohl verbal: in Diskussionen und bei der Präsentation von Arbeitsergebnissen als auch
  - schriftlich: beim Erstellen grammatisch und semantisch einwandfreier Texte; immer dann, wenn es darum geht,
  - sich selbständig in unbekannte, komplexe Sachverhalte einzuarbeiten (auch wenn das erforderliche Basiswissen vorhanden ist),
  - unkonventionelle Lösungen außerhalb eines bekannten (gelernten) Kontextes zu suchen oder
  - komplexe technische Sachverhalte lebendig, knapp und verständlich zu präsentieren."

Diese Beschreibung passt auch auf die meisten IT-Projektteams. Betrachten wir einen Projektmanager vor allem als Führungskraft, wie in Abschnitt 2.5 besprochen, so muss er nach Dworatschek[59] folgende Problemfelder bewältigen:

- Orientierungsschwierigkeiten und Standortprobleme,
- Kommunikations- und Verständigungsprobleme,
- Mitarbeiter-Erwartungen und
- gesellschaftliche Erwartungen.

Dafür sind, ebenfalls nach Dworatschek, folgende Qualifikationen unabdingbar:

- rationale Führungstechniken,
- soziale Sensibilität,
- Kommunikationsfähigkeit,
- Lernbereitschaft und
- Führungsdidaktik.

Ein professionell ausgebildeter Projektmanager mit Führungsqualität ist also die erste Voraussetzung für ein gut funktionierendes Projektteam.

Eine längerfristige Personalentwicklung des Projektteams kann in projektorientierten Unternehmen zusätzlich zur Fachqualifikation zum Beispiel im Rahmen der Zertifizierungsverfahren für Projektmanager vorgenommen werden (wie in Abschnitt 7.2 vorgestellt). Diese Vorgehensweise wird heute leider überwiegend nur in amerikanischen Firmen praktiziert, was beispielsweise auch die hohen Zahlen an PMI-zertifizierten *Project Management Professionals* (PMP) belegen.[60]

In temporär aus mehreren Organisationen und Unternehmen zusammengesetzten Projektteams besteht aus der Sicht des Generalunternehmers für die notwendige Teamentwicklung meist wenig Motivation (wie in Szenario 3, Abschnitt 1.3.3, besprochen). Entsprechend werden dafür auch meist zu wenig Zeit und ungenügende Mittel vorgesehen.

Der Projektmanager muss also, frei nach Prälat Oettinger, *„die Gelassenheit haben, die Dinge hinzunehmen, die er nicht ändern kann, den Mut, die Dinge zu ändern, die er ändern kann, und die Weisheit, das eine vom anderen zu unterscheiden"*.

Die in den folgenden Abschnitten vorgestellten Methoden, Instrumente und Vorgehensweisen sind aus der jahrelangen Erfahrung mit hochmotivierten, leistungsbereiten und genialen „Techies" entstanden.

6.4   Erfolgsfaktor Zieldefinition

> *Perfektion der Mittel*
> *und Konfusion der Ziele kennzeichnen*
> *meiner Ansicht nach unsere Zeit.*
>
> *Albert Einstein*

Der Projektleiter ist keine Lokomotive, die man einmal auf die Schienen setzt, mit Kohle oder Kraftstoff füttert und von der man dann erwarten kann, dass sie pünktlich nach Fahrplan in den Bahnhof einläuft. Dazu kommt: die Projektlandschaft ist keine erschlossene Eisenbahnlandschaft.

Ähnlich einem Scout im tiefen Wald muss der Projektleiter sein Umfeld ergründen und nach den besten Wegen für sein Projekt und sein Team suchen. Oft sieht er dabei das Ziel nicht, er kennt nur die Richtung (hoffentlich).

Die ältere Generation der Projektmanager hatte gelernt, dass das Wichtigste in einem Projekt die exakte und beständige Zieldefinition ist. Dies mag heute für IT-Projekte auch noch zutreffen, wenn der Inhalt des Projekts keinen besonders hohen Innovationsgrad hat und die Geschäftsanforderungen sich im Zeitraum des Projektablaufs nicht ändern. Ein typisches Beispiel hierfür ist die Einführung einer Euro-fähigen Buchhaltung.

Die Praxis der IT-Projekte hat uns jedoch inzwischen gelehrt, dass wir lernen müssen, auch mit nicht vollständig formulierten, sich dynamisch ändernden Zielen umzugehen. In einem IT-Projekt, das über ein Jahr dauert, sind die am Projektanfang erarbeiteten technologischen Konzepte und Vorgaben am Ende des Projekts oft von der Realität überholt und bereits veraltet. Denken wir beispielsweise nur an Internet, Multimedia- und Kommunikationstechnologien. Nach einem Jahr haben sich möglicherweise auch die Wünsche und Vorstellungen oder sogar die Geschäftsziele des Auftraggebers völlig geändert. Wenn wir im Sinne des TQM-Konzepts die Zufriedenheit des Kunden als Maßstab für die Projektqualität verstehen, genügt es dann, den „alten" Vertrag zu erfüllen?

Die Bedeutung einer genauen Abgrenzung des Projektumfelds und die davon abhängigen Möglichkeiten für eine Vertragsgestaltung wurden bereits in Abschnitt 4.2 diskutiert.

Die Forderung bleibt nach wie vor gültig[61]: Alle Projektziele, sowohl die Ergebnis- als auch die Vorgehensziele müssen genau definiert, spezifiziert und operationalisiert, das heißt überprüfbar oder messbar sein.

Ergibt jedoch die Umfeldanalyse vor oder in der Startphase, dass das Projekt einen starken Innovationsgrad hat oder einer starken Dynamik im Geschäftsumfeld unterliegt, so muss der Projektmanager damit rechnen, dass diese Dynamik die Projektziele direkt beeinflussen kann. In diesem Fall muss dies in der Projektplanung berücksichtigt werden:

- Das Projekt-Ziel (das zu liefernde Produkt oder die Dienstleistung) wird so weit wie möglich modular geplant und geliefert.
- Es werden regelmäßige (zum Beispiel monatliche, mindestens jedoch nach jeder Teillieferung stattfindende) Projektziel-Reviews mit dem Top-Management und den Stakeholdern eingeplant und durchgeführt.
- Über Zieländerungen wird das Projektteam ausführlich und zeitnah informiert.
- Die Zieländerungen werden im Projekthandbuch fortlaufend festgehalten.
- Bei jeder Zieländerung wird eine Risikoanalyse durchgeführt und die Projektplanung überprüft.
- Die Maßnahmen und die Konsequenzen aus diesen Zieländerungen werden im Projektteam und mit dem Top-Management abgestimmt.
- Die Reaktion auf eine Zieländerung obliegt dem Änderungsmanagement-Prozess.

6.5 Erfolgsfaktor Kommunikation

> *Wer die fasche Frage stellt, bekommt*
> *niemals die richtige Antwort.*
>
> Tom DeMarco

Schon das erste historisch erwähnte Projekt scheiterte, weil die Beteiligten sich nicht verständigen konnten. Es war der Turm von Babel, der wegen der aufgetretenen Kommunikationsprobleme nicht fertiggestellt werden konnte.

In projektorientierten Unternehmen wird die Projektkultur durch die Unternehmenskultur vorgegeben und unterstützt. In inhomogenen Projektteams, zusammengesetzt aus Mitarbeitern verschiedener Unternehmen, muss eine Projektkultur als Voraussetzung für Projekt-Qualitätsmanagement erst gebildet werden. Kommunikation ist die Basis und das Instrument für den Aufbau einer Projektkultur.

In der Fachliteratur werden verschiedene Arten von Kommunikation besprochen:
*   verbale und nonverbale (Körpersprache) zwischen Personen,
*   formale und informelle zwischen Personen und Gruppen,
*   interne und externe zwischen Gruppen und Organisationen.

An dieser Stelle werden die einzelnen Kommunikationsarten nicht weiter theoretisch klassifiziert. Folgende kürzlich in den Internet-Mailverteilern kursierende Geschichte ist typisch für die Situation in vielen IT-Projekten:

Ein Mann fährt einen Heißluftballon und merkt, dass er die Orientierung verloren hat. Er reduziert seine Höhe und macht schließlich einen Mann am Boden aus. Er lässt den Ballon noch weiter sinken und ruft: „Entschuldigung, können Sie mir helfen? Ich versprach meinem Freund, ihn vor einer halben Stunde zu treffen, aber ich weiß nicht, wo ich mich befinde." Der Mann am Boden sagt: „Ja, Sie befinden sich in einem Heißluftballon. Ihre Position ist zwischen 40 und 42 Grad nördlicher Breite und zwischen 58 und 60 Grad westlicher Länge."

„Sie müssen Ingenieur sein", sagt der Ballonfahrer. „Bin ich", antwortet der Mann, „wie haben Sie das gewusst?" „Sehen Sie", sagt der Ballonfahrer, „alles was Sie mir gesagt haben, ist technisch korrekt, aber ich habe keine Ahnung, was ich mit den Informationen anfangen soll, und ich weiß immer noch nicht, wo ich bin."

Der Ingenieur sagt daraufhin: „Sie müssen Manager sein." „Bin ich", antwortet der Ballonfahrer, „wie haben Sie das gewusst?" „Sehen Sie", sagt der Ingenieur, „Sie wissen nicht, wo Sie sind oder wohin Sie gehen. Sie haben ein Versprechen gegeben, von dem Sie keine Ahnung haben, wie Sie es einhalten können, und Sie erwarten, dass ich für Sie dieses Problem löse. Tatsache ist, Sie befinden sich in exakt derselben Position, in der Sie waren, bevor wir uns getroffen haben, aber irgendwie ist jetzt alles meine Schuld."

Dworatschek untersuchte bereits 1981[62] den Grund für sprachliche Probleme in Projekten:

> Sprachliche Probleme entstehen aus unterschiedlichem Abstraktionsgrad der Ausbildung, aus den spezifischen Terminologien der Disziplinen und aus unterschiedlichen Sprachregelungen beim Projekt-Auftraggeber, beim Generalunternehmer und bei Sub-Unternehmen. [...] Zu diesen interdisziplinären Sprach-Problemen treten nationale hinzu.

Die Kommunikation im Sinne von *„sich verstehen wollen und sich verstehen können"* ist auch nach den neuesten Erkenntnissen empirischer Studien der wichtigste Erfolgsfaktor im Projekt. Daher sollten alle Kommunikationsarten und -kanäle im Projekt entsprechend ihrer Bedeutung sorgfältig geplant werden. Wie dies geschehen kann, wird im Folgenden erläutert. Dabei werden bewusst nur die Kommunikationsarten herausgenommen und näher betrachtet, bei denen man mit relativ geringem Aufwand gerade in heterogenen Teams gute Erfolge, so genannte „quick wins", erzielen kann.

6.5.1 Informelle Kommunikation

> *Die Sprache ist dem Menschen gegeben, um seine Gedanken zu verbergen.*
>
> *Dante Alighieri*

Was macht dieser Abschnitt hier, werden Sie sich fragen – im Bereich der informellen Kommunikation kann man ja wohl mit keinem Konzept *quick wins* erzielen. Das stimmt, dennoch ist diese Kommunikationsart für die Teamatmosphäre und die angestrebte Projektkultur so wichtig, dass an dieser Stelle wenigstens einige Tipps aus der Praxis weitergegeben werden sollen.

Rauchernetzwerk und Kaffeerunden:
Ist Ihnen schon aufgefallen, dass mit der Verbannung von Rauchern in abgeschlossene Raucherräume die Nichtraucher plötzlich zu der weniger informierten Minderheit gehören? Während der gemeinschaftlichen Zigarettenpausen findet oft ein wertvoller Informationsaustausch statt.
Einige Unternehmen[63] haben den Wert solcher informell ausgetauschter Informationen schon vor Jahren erkannt und fördern den Plausch in lockerer Runde, in dem sie großzügig Kaffee-Ecken und kostenlosen Kaffee bereitstellen.
Was kann man daraus für das Projekt lernen? Berücksichtigen Sie im Projektbudget und in der Projektplanung die „Kaffee-Ecken". Planen Sie Möglichkeiten für einen regelmäßigen informellen Informationsaustausch ein, beispielsweise in Form von gemeinsamen kommunikationsfreundlichen Ver-

anstaltungen wie *„Happy Hour jeden zweiten Mittwoch im Monat ab 16.00 Uhr"*. Wenn Sie Ihre formalen Besprechungen, wie in Abschnitt 6.5.4 beschrieben, optimieren, bleibt Ihnen dafür genügend Zeit.

Umgang mit Meckern und Killerphrasen:
Wer kennt es nicht, das laune- und nervtötende Meckern mit nichtssagenden Killerphrasen.[64]

> „Das ist noch nie gegangen!", „Er kommt sowieso immer zu spät", „Dauernd muss ich auf alle Ergebnisse warten", „Er hat schon wieder keine Zeit für mich …", „Du machst es schon wieder alles falsch", „Immer muss ich das erledigen", …

Mit folgendem Vorgehen ist es gelungen, dieses Meckern in einem Projektteam in einigen Wochen abzustellen, beziehungsweise umzustellen:

1. Schritt:
Das Team wurde in einem halbtägigen Workshop auf bestimmte Kommunikationsfallen und deren Vermeidung aufmerksam gemacht. Behandelt wurden beispielsweise Killerphrasen, konstruktive Kritik, kontrollierter Dialog, richtige Fragestellung u. a.

> Die Techniker realisieren oft nicht, dass auch auf die richtige Fragestellung geachtet werden muss und dass nicht auf jede Frage mit einem einfachen „ja" oder „nein" geantwortet werden kann. Ein gutes Übungsbeispiel ist die Frage „Hast du endlich aufgehört, deinen Liebhaber zu schlagen?" Bei so vielen Unterstellungen in einer Frage ist keine einfache Antwort möglich: Antworte ich „ja", gebe ich zu, einen Liebhaber zu haben, antworte ich „nein", gebe ich implizit noch Schlimmeres zu: dass ich meinen Liebhaber immer noch schlage. Einige Fragen bei Projektbesprechungen rutschen ebenfalls leicht in diese Kategorie ab: „Haben Sie endlich die katastrophalen Fehler in Ihrem Programm bereinigt?"

2. Schritt:
Auf dieser erworbenen theoretischen Basis wurde im Team folgende Regel vereinbart und im Workshop kurz geübt:

> „Zu jeder Killer-Meckerphrase muss eine konstruktive Auflösung kommen. Wer dies versäumt, zahlt fünf Mark in die Getränkekasse."

Im Ergebnis hat sich dies zunächst ungefähr so angehört:

> „Das ist noch nie gegangen! Äh, ich meine, vielleicht könnten wir versuchen, es auf diese Art zu machen … ."
> „Er kommt sowieso immer zu spät! Äh, vielleicht sollten wir mit ihm die Anfangszeiten neu einplanen."

„Dauernd muss ich auf alle Ergebnisse warten!" „Halt! Kannst du mir vielleicht helfen, für dieses Ergebnis neue Termine zu vereinbaren?"
... und so weiter.

3. Schritt:
Das vereinbarte Verhalten wurde im Team gemeinschaftlich gelebt; durch positives Nachfragen wurde die Formulierung der konstruktiven Auflösung unterstützt. Ungefähr so:

„Er hat schon wieder keine Zeit für mich ..." – „Und was können wir dagegen tun? Fünf Mark!"
„du machst schon wieder alles falsch!" – „Was genau könnte ich deiner Meinung nach besser machen? Und die fünf Mark nicht vergessen!"
... und ähnlich.

Das Team hatte viel Spaß bei diesen Übungen. Nach einiger Zeit hatte sich das Problem mit den Killerphrasen auf diese Weise erledigt. Die Getränkekasse wurde übrigens im Rahmen der informellen Kommunikationsveranstaltungen gemeinsam geplündert.

Anmerkung:
Vorsicht, die Fünf-Mark-Strafe-Regel funktioniert nicht bei allen Kommunikationsproblemen im Team! In einem anderen Fall fühlten sich beispielsweise manche Team-Kolleginnen durch so genannte Macho-Witze belästigt. Also wurde die Fünf-Mark-in-die-Macho-Kasse-Regel für jeden Macho-Witz vereinbart. Das hatte zur Folge, dass bei nächster Gelegenheit ein Kollege strahlend verkündete: „Hey, Leute, heute habe ich einen Witz, der ist mindestens 20 Mark wert!"

6.5.2   Kommunikationskonzept

Bei Problemen mit der informellen Kommunikation muss man in der Lage sein, situativ zu reagieren. Hier ist vor allem die soziale Kompetenz des Projektmanagers und des Qualitätsmanagers gefordert (wie in Abschnitt 2.5 beschrieben).
Alle anderen Kommunikationsarten werden mit Hilfe eines Kommunikationskonzepts spezifiziert, abgestimmt, eingeplant und realisiert. Hierzu gehören alle Informationsflüsse, die im Projekt entstehen oder für das Projekt relevant sind:
• Kontinuierlicher Informationsaustausch im Projektteam,
• Informationsweitergabe an das Projektumfeld,
• Informationsermittlung der für das Projekt relevanten Rückmeldungen aus dem Projektumfeld (zum Beispiel Ermittlung der Kundenzufriedenheit).

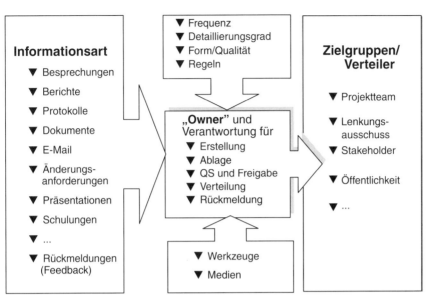

Abbildung 20: Modell eines Kommunikationskonzepts

Abbildung 20 skizziert das Denkmodell für die Erstellung eines Kommunikationskonzepts. Für jede Informationsart werden die Frequenz und die genauen Anforderungen sowie die Form für ihre Verteilung an ihre Zielgruppe festgelegt. Aus dem Kommunikationskonzept wird anschließend ein Kommunikationsplan mit konkreten Erscheinungsterminen erstellt.

Bewährtes Vorgehen:
Im ersten Schritt werden alle möglichen Informationsarten für alle möglichen Zielgruppen im Projekt und seinem Umfeld aufgelistet.

Für jede Informationsklasse wird aus dem Projektteam (idealerweise aus dem Projektbüro) ein Owner designiert, in dessen Verantwortung die Planung der entsprechenden Informationsprozesse sowie die Qualität der zu vermittelnden Information liegt. Mehrere Informationsarten können dabei einem Owner zugewiesen werden. Dabei dürfen, ganz nach der im Projekt eingeführten Regel für das Management der Projektprozesse (wie in Abschnitt 4.1.2 erläutert) folgende Aktivitäten nicht vergessen werden: Die Spezifikation der Schnittstellen von den Lieferanten der Information, die Bearbeitung dieser Information als Werkstück in die gewünschte Form und schließlich die Freigabe des Werkstücks zur Verteilung an den Informationsempfänger als Kunden.

Das Kommunikationskonzept als Übersicht in tabellarischer Form gehört in das Projekthandbuch. Die Kommunikations-Zeitpläne sind Bestandteil der Projektplanung.

6.5.3   Schriftliche Kommunikation

Früher zählte man zur Klasse der schriftlichen Kommunikation fast ausschließlich formelle Unterlagen wie Anträge, Aufforderungen, Bestätigungen,
Berichte, Freigabedokumente u. Ä. Für informelle schnelle Nachrichten griff
man zum Telefon. Seit der Verbreitung der elektronischen Post bricht manchmal die Anzahl der in kürzester Zeit eingegangenen formellen und informellen E-Mails alle Kommunikationsrekorde des Projektmanagers. Um so wichtiger ist es, Regeln für die schriftliche Kommunikation im Projekt genau zu
definieren, einzuführen und im Team zu leben.
Eine der Forderungen an Projektschriftstücke legt fest, dass sie schnell, effektiv und effizient bearbeitet und geordnet abgelegt werden können. Dazu
müssen die Dokumente folgende Eigenschaften besitzen:
- sie müssen inhaltlich nach einem vorgegebenen Standard gut strukturiert
  sein,
- sie müssen knapp und aussagekräftig formuliert sein,
- sie müssen an die richtigen Personen verschickt werden,
- sie müssen gut zu bearbeiten und eindeutig nachzuverfolgen sein und
- durch ihre äußerliche Darstellung müssen sie dem Projekt eindeutig zugeordnet werden können (Projekt CI).

Eine bewährte Methode, dies zu erreichen, ist die Einführung nachfolgend be-
schriebener Regeln, die durch geeignete Vorlagen aus dem Projektbüro unterstützt werden:

Regel 1:
Für alle Schriftstücke im Projekt wird eine einheitliche vorstrukturierte Dokumentvorlage verwendet, die durch das Projektbüro im Projektlayout erstellt und gepflegt wird. In dieser Dokumentvorlage sind alle Merkmale, die
ein formelles Dokument guter Qualität haben muss, berücksichtigt:

- Zugehörigkeit zum Projekt und Wiederauffindbarkeit:
  - Projektname und Projektlogo auf jeder Seite,
  - Ablagerelevanter „Betreff" auf jeder Seite (dazu gehört nicht die oft üb-
    liche Überschrift „Memorandum"),
  - Dateiname der elektronischen Version.
- Überprüfung auf Gültigkeit:
  - eindeutige Versionsnummer und eine im Projektteam eingeführte Versi-
    onsregelung,
  - Erstellungsdatum,
  - bei längerlebigen Dokumenten, die in mehreren Versionen bis zur end-
    gültigen Abstimmung durch das Projektteam wandern, ebenfalls eine
    Versions-Änderungstabelle,
  - Autoren.

- Überprüfung auf Vollständigkeit:
  - Seitennummerierung im Format „Seite 1 von 20",
  - Druckdatum auf jeder Seite,
  - Anlagenverzeichnis,
  - bei Dokumenten, die länger als fünf Seiten sind, zusätzlich Inhaltsverzeichnis und andere relevante Verzeichnisse (siehe auch Qualitätssicherung der Dokumente in Abschnitt 4.1.2).

Regel 2:
Für die Verteilung der Dokumente werden prozessorientierte Verteiler verwendet. Für jede Art der Projektdokumente wird der entsprechende Verteilerkreis vorab vereinbart.

Bei der Verteilung der Besprechungsprotokolle gehört die Definition der Empfänger zur Spezifikation der Besprechungen (siehe auch Abschnitt 6.5.4.3). Für alle Dokumentenarten, die regelmäßig entstehen und verteilt werden, werden die Verteiler im Rahmen des Kommunikationskonzepts festgelegt (z. B. Statusberichte). Für spontane Schriftstücke kann eine generelle Regelung bezüglich des Verteilers getroffen werden, zum Beispiel: „Der Projektleiter erhält immer eine Kopie zur Information, das Projektbüro erhält immer eine Kopie zur Ablage."

Ein prozessorientierter Verteiler sieht wie folgt aus:

	Datum:	**Tel.:**
Von: Autor/Übersetzer ①	*Erstellungsdatum*	
An (in alphabetischer Reihenfolge):	**Aktion:**	**Termin:**	**Telefon:**
② *Adressat*	③ *Gewünschte Reaktion des Adressaten*	④ *Reaktionsdatum*	⑤
Bertram, Martin	Stellungnahme	4. 5. 2000	
Müller Dr., Emma	Bestellung	12. 5. 2000	
Wegner, Anton	Information		
...			
...			

Tabelle 9: Beispiel für einen prozessorientierten Verteiler

Erläuterung:
① In dem „Von"-Teil werden alle Autoren in alphabetischer Reihenfolge aufgeführt. In internationalen Projektteams muss bei der Übersetzung immer auch der Name des Übersetzers aufgeführt werden.

② Alle Adressaten des vereinbarten Verteilers werden mit dem Nachnamen voran in alphabetischer Reihenfolge aufgelistet (dann kann die Liste mit der Sortierfunktion der Textverarbeitung schnell in die richtige Reihenfolge gebracht werden).

> Noch 1999 hat ein hochdotierter Consultant eines bekannten internationalen Wirtschaftsprüfungs- und Beratungsunternehmens mit der Projektassistentin 20 Minuten lang diskutiert, welcher Manager im Verteiler oben stehen muss. Meistens ist die Abbildung der Hierarchien zwischen Linien-Managern und Projektmanagern nicht ganz einfach. Um solchen unfruchtbaren und sinnlosen Diskussionen vorzubeugen und Missinterpretationen, die durch eine andere gewählte Reihenfolge entstehen könnten, zu vermeiden, werden die Adresslisten immer ausschließlich in alphabetischer Reihenfolge geführt.

③ Zu jedem Adressaten wird die von ihm erwartete Reaktion oder Aktion mit einem Wunschtermin angegeben. Die genaue Bedeutung und Auslegung der gewünschten Aktionen (wie Stellungnahme, Kenntnisnahme, Bestellung, Freigabe ...) müssen im Team vorab abgestimmt werden.
⑤ Zu jeder im Verteiler aufgeführten Person muss die Telefonnummer, unter der sie bei Rückfragen erreichbar ist, angegeben werden.

> So kann ein pflichtbewusster Teammitarbeiter sogar vom Flughafen aus kurz vor dem Einchecken noch telefonisch alle offenstehenden Fragen klären, auch wenn er noch nicht alle Telefonnummern des Teams im Kopf (oder im Handy) abgespeichert hat.

Regel 3:
Der Inhalt aller Projektdokumente wird nach folgender Vorgabe *top down* strukturiert:

- Im ersten Abschnitt des Dokuments müssen Zweck und Inhalt erläutert werden.
- Im zweiten Abschnitt des Dokuments muss die Ausgangssituation erläuternd zusammengefasst werden.
- Bei längerlebigeren Dokumenten, die in mehreren Versionen bis zur endgültigen Abstimmung durch das Projektteam wandern, muss im dritten und letzten Abschnitt der Einleitung der weitere „Lebensweg" des Dokuments bis zu seiner endgültigen Freigabe erläutert werden.
- Danach kommt die eigentliche Detailinformation. Beinhaltet das Dokument mehrere Kapitel, muss am Anfang jedes Kapitels sein Zweck und Inhalt erläutert werden.

> Diese Strukturierung wäre beispielsweise für Krimis völlig ungeeignet, da sie bereits auf der ersten Seite die Auflösung der Geschichte bringt und damit die Spannung wegnimmt.

In einem Handbuch für PR-Profis[65] werden die Regeln für einen informierenden Artikel wie folgt erläutert:

„Dafür gibt's steinalte Regeln, die immer angewandt werden, um beim Leser erfolgreich durchzudringen. [...]
Am Anfang steht immer der Kern der Meldungen nach dem Motto:
>Wer? >Was? >Wann? > Wo?
Und wenn Sie genug Platz zum Schreiben haben, können Sie diese vier Grundfragen noch um die Fragen von
> Wie? und >Warum? erweitern."

Mit dem Blick auf die erste Seite des Dokuments und auf den prozessorientierten Verteiler kann der Empfänger bereits erfassen, worum es geht und welche Rolle in welchem Kreis er dabei spielt.

Regel 4:
Bei E-Mail-Dokumenten können in der Regel die oben geforderten Merkmale und Eigenschaften nicht oder nur mit großem Aufwand und nur bei einem Team mit einer homogenen IT-Plattform abgebildet werden. (Wenn für das Team zum Beispiel einheitliche MS-Outlook-E-Mail-Formulare bereitgestellt werden.)
Deshalb wird E-Mail nur für die informelle Kommunikation und als Trägermedium für die mit der Textverarbeitung erstellten Projektdokumente verwendet.

6.5.4 Besprechungsmanagement

Es ist erstaunlich, wie viel Zeit in vielen Projektbesprechungen auf das langwierige Vortragen von Statuslisten oder das Deklamieren von selbstdarstellenden Monologen verschwendet wird. Thema der nächsten Abschnitte ist daher das ergebnisorientierte Besprechungsmanagement. Es ist ein wichtiges Instrument zur Qualitätssicherung der Kommunikation in Besprechungen sowie der daraus resultierenden Ergebnisse.

6.5.4.1 Ausgangssituation

Besprechungen, Sitzungen, Meetings – wie auch immer sie benannt werden, sie sind teuer. Sie produzieren in der Regel Reisekosten und Spesen oder Telefonkosten und verbrauchen die wertvolle Zeit der Manager und Spezialisten. Wenn man mit einem durchschnittlichen Stundensatz von 250 DM pro Stunde und zehn Teilnehmern rechnet, entstehen in zwei Stunden bereits Kosten von 5 000 DM. Außerdem rauben Meetings den Teilnehmern – zumindest empfinden sie es subjektiv so – die meist knappe und somit immer kritische Zeit bei der Lösungsfindung beziehungsweise Lösungserstellung in der Projektarbeit. Es ist ärgerlich, wenn aufwendige Besprechungen nicht die erwarteten Ergebnisse bringen.

Wünschenswert wäre es, dass immer Folgendes zutrifft:

- Es wird die richtige Teilnehmer-Zielgruppe eingeladen.
- Die eingeladenen Teilnehmer kommen alle.
- Die Teilnehmer kommen pünktlich.
- Die Teilnehmer kommen vorbereitet; das setzt voraus, dass die Projektstatusinformation nicht in der Besprechung vorgetragen, sondern vorab den Teilnehmern zur Information bereitgestellt wird.
- Die Erwartungshaltung der Teilnehmer deckt sich mit dem Ziel der Sitzung
- Die Teilnehmer verhalten sich kooperativ[66]:
  - sie üben konstruktive Kritik,
  - sie sprechen kurz und bündig, sie bleiben bei der Sache,
  - sie verwenden keine Killerphrasen,
  - sie diskutieren ergebnis- und zielorientiert,
  - sie lassen sich nicht durch Anrufe oder andere Außenstehende unterbrechen.
- Die Besprechung dauert nicht länger als zwei Stunden.
- Bei der Besprechung werden konkrete Ergebnisse erarbeitet.
- Das Besprechungsprotokoll liegt zeitnah nach der Besprechung vor.
- Das Besprechungsprotokoll ist kurz, präzise und von allen Teilnehmern akzeptiert.
- Nach der Besprechung können die getroffenen Absprachen, Verpflichtungen und „Hausaufgaben" verfolgt werden.
- Die Besprechung verläuft ohne technische und organisatorische Pannen.
- Alle notwendigen Geräte und Systeme funktionieren.

Eine Optimalbesprechung, also eine Besprechung, für die dies alles zutrifft, kann auch durch das nachfolgend beschriebene Vorgehen nicht garantiert werden. Es ist jedoch immer wieder erstaunlich, wie mit relativ wenig Aufwand sehr gute Ergebnisse erzielt werden können.

6.5.4.2 Die Methode

Viele der aufgelisteten Wunschattribute einer optimalen Besprechung können mit dem *ergebnisorientierten Besprechungsmanagement* (EBM) erreicht werden. EBM basiert auf einer Methode, die aus der Praxis in Großprojekten der Luft- und Raumfahrt entstanden ist und erstmalig in den siebziger Jahren in der Fachliteratur publiziert wurde.[67] Diese Methode wird später beschrieben. Die Methode und das Vorgehen wurden inzwischen den Anforderungen aus der Praxis angepasst und ergänzt. EBM wird seit Jahren in einer Vielzahl von Projekten erfolgreich eingesetzt.

Das *ergebnisorientierte Besprechungsmanagement* besteht aus folgenden Komponenten:
1. Einführung: Vereinbarung und Dokumentation der EBM-Regeln und Prozesse im Projektteam und im Projektumfeld.
2. Besprechungsdefinition: Abstimmung, Definition und Dokumentation aller Besprechungsklassen im Projekt.
3. Konsequenter Einsatz und Nutzung der Ergebnislistentechnik während der Projektbesprechungen: Ergebnisorientierte Moderation und Protokollierung der Besprechung.
4. Verfolgung der vereinbarten Ergebnisse.

6.5.4.3 Besprechungsdefinition

Es gibt nicht „Die Projektbesprechung". In jedem Projekt gibt es mehrere Besprechungsarten oder Besprechungsklassen, die sich in ihrer Zielausrichtung, dem erforderlichen Teilnehmerkreis, der zu erwartenden Ergebnisse und der notwendigen Frequenz während des Projektverlaufs unterscheiden.
In jedem Projekt gibt es in der Regel mindestens folgende Projektbesprechungen:
* Projektlenkungsbesprechung
  Eine formale Besprechung mit Eskalationscharakter und strategischen Entscheidungen.
* Projektteambesprechung
  Besprechung des Gesamtteams oder Kernteams mit Problemlösung und Entscheidungsfindung.
* Arbeitsbesprechung
  Informelle Fachbesprechung zur Lösung technischer Aufgaben und Probleme.

Häufig finden so genannte *Jours Fixes* mit bestimmten Entscheidungsträgern oder regelmäßige Statuspräsentationen für die Stakeholder statt.
Im Rahmen der Besprechungsdefinition, werden für alle regelmäßigen Projektbesprechungen folgende Vorgaben vorab im Projektteam abgestimmt:
* Name, Ziel, Zeit, Ort und Frequenz der Besprechung: wie wird diese Besprechungsart genannt, wo genau und wie oft findet sie standardmäßig statt.
* Teilnehmerkreis und Verteiler für die Protokolle: für welche Teilnehmer besteht Teilnahmepflicht, wer kann optional teilnehmen, wer erhält nur das Protokoll.

Diese Vorgaben werden während des Projektverlaufs regelmäßig überprüft und bei Bedarf ergänzt beziehungsweise geändert.

Beispiel für die Definition einer Team-Besprechung:

Name	Kernteam-Meeting
Zeit, Ort, Frequenz:	In jeder geraden Woche am Donnerstag, 11.00–12.30 Uhr, Raum nach Einladung. Erstes Meeting: 4. 11. 1999
Ziel und Inhalt:	Überprüfung der offenen Aufgaben und Termine, Abstimmung der Vorgehensweise und des Handlungsbedarfs, Klärung der Aufgaben und Zuständigkeiten.
Dokumentation zur Vorbereitung:	• Agenda (2 Arbeitstage vorab per E-Mail, verschickt mit der Einladung durch das Projektbüro). • Liste offener Aufgaben (einzusehen in der Aufgabendatenbank oder anzufordern über das Projektbüro). • Aktueller Projektplan (im Projektverzeichnis).
Teilnehmerkreis:	Projekt-Kernteam (Pflichtteilnahme, bei Verhinderung wird jeweils der benannte Vertreter teilnehmen): A. Abele, H. Huber, M. Meier, D. Schmidt, S. Schultze. Zusätzlich können eingeladen werden (Einladung mit Agenda drei Arbeitstage vorab): externe Consultants, Spezialisten aus der Entwicklung.
Verteiler für Besprechungs- protokolle:	Per E-Mail an den Teilnehmerkreis, das Kernteam und H. Boss. Zur Information des erweiterten Projektteams werden die Protokolle ins Intranet gestellt.
Besondere Regeln:	Für diese Besprechungsart gelten folgende Regeln: • Während der Besprechung wird nicht geraucht. • Handys bleiben ausgeschaltet. • Kaffee und Erfrischungsgetränke stehen zur Verfügung und werden über das Projektbüro von der Kantine bestellt. • Im Konferenzraum stehen ein Overhead-Projektor und ein LAN-Anschluss zur Verfügung. • Datenprojektor (Beamer) muss bei Bedarf zwei Tage vorab über das Projektbüro reserviert werden. • Die Besprechungsergebnisse werden in der Ergebnisdatenbank MeetingPro im Projektverzeichnis verwaltet; auf diese Datenbank haben alle Projektteam-Mitglieder lesenden Zugriff. • Der Aufgabenstatus aller offenen Aufgaben wird über das Projektbüro per E-Mail drei Arbeitstage vor der Besprechung abgefragt und ist ebenfalls per E-Mail spätestens einen Arbeitstag vor der Besprechung zurückzumelden.

Tabelle 10: Beispiel für Besprechungsdefinition

6.5.4.4 Ergebnisorientiertes Besprechungsmanagement

Der Ausgangspunkt für ergebnisorientiertes Besprechungsmanagement ist eine Methode der Besprechungsprotokollierung, die so genannte Ergebnislistentechnik. Sie ist bestechend einfach und hat bei konsequenter Anwendung leicht einzusehende Vorteile.

„Ich war es irgendwann mal satt, nach jeder Besprechung diesen Ärger mit Gegendarstellungen und Richtigstellungen zu haben", erzählte Martin Koldau, Ingenieur für Messtechnik und Datenverarbeitung und Erfinder der Methode für das Protokollieren von Besprechungen mittels Ergebnislisten, auf die Frage, wie diese Methode das Licht der Projektöffentlichkeit erblickte. „Und da musste ich mir einfach etwas einfallen lassen."

Martin Koldau leitete in den sechziger Jahren Großprojekte in der Raumfahrtindustrie. „Nach jeder Besprechung verloren wir wertvolle Zeit mit Einwänden und Einsprüchen", erinnerte er sich zurück, „die aus der Vielfalt der Interpretationsmöglichkeiten der freien Prosa entstanden, die als Besprechungsprotokoll nach den Projektsitzungen produziert wurde."

Er ärgerte sich, krempelte seine Ingenieurärmel hoch und entwickelte ein Instrument um *„Besprechungen straff zu führen und verbindlich mit Ergebnislisten zu protokollieren"*. Die Methode besteht aus einigen Regeln, die als Leitsätze auf einer DIN-A4-Seite zusammengefasst sind und einem Formular, in das alle Ergebnisse einer Besprechung strukturiert eingetragen werden. Inzwischen machte Martin Koldau diese Methode in fast 400 Seminaren in Unternehmen wie BMW, Daimler-Benz (heute DaimlerChrysler) und Siemens bekannt.

Die nachfolgend beschriebene Variante dieser Methode hat sich in jahrelanger Projektpraxis bestens bewährt.

6.5.4.5 Regeln des ergebnisorientierten Besprechungs- managements

1. Alle Projektbesprechungen, deren Inhalte Projektkoordination und Entscheidungsfindung sind, werden auf der Basis der Ergebnislistentechnik geführt, das heißt, ergebnisorientiert moderiert und protokolliert.
   Workshops, technische Arbeitsbesprechungen oder andere Fachbesprechungen können aus dieser Regelung ausgenommen werden.
2. Während der Besprechung werden alle Ergebnisse *gemeinsam* durch die Teilnehmer der Besprechungsgruppe formuliert und festgehalten.
   Die Formulierung wird in vollen Sätzen möglichst präzise vorgenommen, so dass kein Raum für weitere Interpretationen bleibt (wer/was/wem/in welcher Form/wozu/bis wann).
   In den Besprechungsprotokollen werden nur gemeinsam definierte/verabschiedete Ergebnisse festgehalten. Es finden keine nachträglichen Ergän-

zungen oder Änderungen der in der Besprechung vereinbarten Ergebnisse statt.

3. Es gibt nur folgende Ergebnisarten:

Ergebnis	Kürzel
Aufgabe (Aktion, Auftrag)	(A)
Beschluss (Entscheidung)	(B)
Status (Feststellung, Information)	(S)
Terminvereinbarung für eine nächste Besprechung	(T)

Tabelle 11: Ergebnisarten in Besprechungen

4. Für jede Aufgabe werden zusätzlich folgende Informationen festgehalten:
   – namentlich ein Projektmitglied, verantwortlich für deren Durchführung
   – namentlich ein Projektmitglied, verantwortlich für deren Abnahme und/oder Qualitätssicherung
   – konkretes Datum als Abgabe- oder Kontrolltermin. Ein Abgabetermin wird als verbindlich betrachtet. Bei einem Kontrolltermin dagegen kann nach der ersten Überprüfung des Aufgabenfortgangs ein neuer, späterer Kontroll- oder Abgabetermin vereinbart werden.
5. Es können nur Aufgaben an die anwesenden Teilnehmer delegiert werden.
6. Die Ergebnisse werden nummeriert und in einem Ergebnislisten-Protokoll festgehalten.
7. Die Verteilung an die Teilnehmer erfolgt unmittelbar oder zumindest zeitnah nach der Besprechung („zeitnah" bedeutet zum Beispiel bei einer wöchentlichen Besprechung einen halben Arbeitstag nach der Besprechung, bei einer zweiwöchentlichen am nächsten Arbeitstag, bei einer monatlichen zwei bis drei Arbeitstage danach).
8. Jede offene Aufgabe wird regelmäßig vom Projektbüro über die verantwortlichen und die für die Abnahme zuständigen Projektmitglieder verfolgt. Der Status wird zentral festgehalten und vom Projektmanagement vor der nächsten Besprechung ausgewertet.
9. Alle diese Regeln werden im Projektteam hinreichend erläutert und mit Unterstützung des Projektbüros eingeführt.

6.5.4.6 Vorteile des ergebnisorientierten Besprechungs- managements

Die ergebnisorientierte Art der Besprechungsmoderation führt bereits kurzfristig zum Erfolg. Die befürchteten endlosen Streitgespräche, Monologe und

Selbstdarstellungen der Teilnehmern entfallen durch geschickte Moderation der Besprechung und deren Ausrichtung auf konkrete Ergebnisse. Die Besprechung wird dadurch straffer und produktiver.

Ein Moderationsbeispiel:

Teilnehmer 1: „… und außerdem war ich schon immer der Meinung, dass diese Abgabetermine von der Geschäftsleitung total an der Realität vorbei vorgegeben werden und mit unseren eingeschränkten Ressourcen sowieso nicht machbar sind. Darüber hinaus haben wir schon immer …"

Moderator: „Entschuldigen Sie die Unterbrechung, Herr Kollege, wie könnten wir denn Ihrer Meinung nach aus dieser Erkenntnis ein konkretes Ergebnis formulieren?"

Teilnehmer 1: „… äh, … na ja … jedenfalls müssten die Projektpläne geändert werden, zu dem Termin schaffen wir die Tests nicht!"

Moderator (an alle Teilnehmer): „Wie könnten wir denn diese notwendige Änderung in konkrete Arbeitsschritte bzw. Aufgaben formulieren?"

Teilnehmer (verschiedene): „Schauen wir, ob wir nicht doch mit dem Systemtest früher, parallel zu den Modultests, beginnen können!" „Vielleicht können wir zum Testen ein paar Studenten heranziehen!"

Moderator: „Welche Voraussetzungen müssen wir erfüllen, um mit den Systemtests parallel zu den Modultests anfangen zu können?"

Teilnehmer 2: „Da müsste man eine zweite Entwicklungsumgebung aufbauen."

Moderator: „Wie können wir diese Aufgabe konkret formulieren?"

Teilnehmer 3 (Herr Meier): „Ich kümmere mich nächste Woche darum, dass zusätzliche Hardware genehmigt und bestellt wird. Herr Müller müsste dann dafür sorgen, dass das Testsystem aufgebaut und konfiguriert wird."

(… weitere Lösungs- und Terminvorschläge …)

Moderator (fasst nach einer kurzen Diskussion die konkreten Vorschläge zusammen): „Wollen wir also die Aufgabe folgendermaßen festhalten:

- Ergebnis 1/Aufgabe: Herr Meier stellt sicher, dass für die Systemtest-Umgebung zusätzliche Hardware genehmigt und bestellt wird und teilt den voraussichtlichen Liefertermin Herrn Müller per E-Mail mit, damit er den Aufbau und die Konfiguration einplanen kann.
  Verantwortlich: Herr Meier, Abnahme: Herr Müller, Kontrolltermin: 11.11.1999.
- Ergebnis 2/Aufgabe: Herr Müller stellt sicher, dass die neu gelieferte Systemtest-Umgebung aufgebaut und nach der Vorgabe des Testkonzepts konfiguriert wird.
  Verantwortlich: Herr Müller, Abnahme: Herr Schmidt (technischer Projektleiter), Abgabetermin: 15.11.1999.

Teilnehmer Meier, Müller und Schmidt: „Ja, ist in Ordnung, OK!"

Moderator: „Was wollen wir nun bezüglich der Studenten beschließen?"

…

Durch gemeinsame, möglichst präzise Formulierung werden Missverständnisse oder Fehlinterpretationen weitgehend vermieden.

> Im Protokoll dürfen z. B. Formulierungen wie „man muss" oder auch „es sollte" nicht vorkommen. Schlagzeilen ohne Verb, wie „Qualitätsplan für Arbeitspaket 4" müssen durch präzisere Erläuterung aufgelöst werden, so dass möglichst wenig Raum für (Fehl-)Interpretationen bleibt. Hier ist nicht klar, was die entsprechende Aufgabe ist: erstellen, überprüfen, realisieren oder ...?

Die Ergebnisse bilden das Protokoll. Prosa wird nicht protokolliert. Wenn der Protokollant die Ergebnisse bereits während der Besprechung elektronisch festhält (beispielsweise durch direkte Eingabe in ein Notebook), kann das Besprechungsprotokoll unmittelbar nach der Besprechung verteilt werden.
Die zeitraubende Abstimmung der Protokolle entfällt, da die Ergebnisse gemeinsam formuliert wurden.
Eine zentrale Registrierung (in einer Ergebnisdatenbank) erleichtert die Verfolgung und Kontrolle der vereinbarten Aufgaben. Im Verlauf der Lösung jeder Aufgabe werden die einzelnen Entscheidungen und Lösungsschritte festgehalten, dadurch kann auch die Historie jeder Aufgabe verfolgt werden.
Weil jede Aufgabe einen Verantwortlichen und einen Abnehmer hat, kann die Überprüfung des Aufgabenstatus sehr einfach an das Projektbüro delegiert werden.

> Der Projektassistent fragt einfach sowohl den Verantwortlichen als auch den Abnehmer, ob die Aufgabe erledigt sei. Erklären beide übereinstimmend die Aufgabe als erledigt, kann sie mit einem entsprechenden Erledigungsvermerk geschlossen werden. Erklärt aber beispielsweise der Abnehmer, dass seine Erwartungen nicht erfüllt wurden („... ja, die Testumgebung ist schon aufgebaut und konfiguriert, es sind aber noch keine Benutzergruppen eingerichtet ..."), bleibt die Aufgabe offen und wird bei der nächsten Besprechung klärend diskutiert.

Die Menge der offenen Aufgaben wird durch die Vorababfrage des Aufgabenstatus stark reduziert. In der Projektbesprechung bleibt wertvolle Zeit frei für Entscheidungsfindung und Koordination.
Weil Aufgaben nur an Anwesende delegiert werden können, entstehen keine „schwarzen Löcher", in denen die vermeintlich vergebenen Aufgaben ohne ein weiteres Lebenszeichen verschwinden. Möchte man eine Aufgabe dennoch an ein abwesendes Projektteam-Mitglied delegieren, so muss dies nach den vereinbarten Regeln durch ein anwesendes Projektteam-Mitglied geschehen. Der Abnehmer kann in diesem Fall das abwesende Mitglied sein:

> Ergebnis 3/Aufgabe: Herr Schulze (anwesend) stellt sicher, dass Herr Fuchs von der Personalabteilung (nicht anwesend) eine Stellenausschreibung für Unix-Tester an das Studentenwerk leitet. Verantwortlich: Schultze, Abnehmer: Fuchs; Termin: 15. 11. 1999.

Die Verwaltung der Besprechungsergebnisse in einer zentralen Ergebnisdatenbank hat die bekannten Vorteile einer Datenbank. Die Information über die einzelnen Ergebnisse und Ergebnisklassen sowie über den Stand der Erfüllung der vereinbarten Aufgaben kann sowohl selektiv als auch vollständig abgerufen und ausgewertet werden. Damit hat die Projektleitung gleichzeitig eine Vorbereitungshilfe für die nächste Besprechung und eine Dokumentation zurückliegender Besprechungen. Bei einem Ausfall im Projektteam kann der Vertreter oder Nachfolger mit der historisch fortgeschriebenen Information über den Aufgabenstatus schnell eingearbeitet werden.

Langfristig eignet sich die so entstandene Ergebnisdatenbank sehr gut als Dokumentations- und Kontrollinstrument für das Projektmanagement, das Qualitätsmanagement sowie für die Projektrevision.

Die Anzahl und Art der definierten Ergebnisse pro Zeiteinheit der Besprechung kann als Metrik für die Bewertung der Besprechungseffizienz verwendet werden und sollte vom Qualitätsmanager regelmäßig überprüft werden.

> Beispiel: Wenn in einer zweistündigen Projekt-Kernteambesprechung zehn Ergebnisse der Art „Status" und nur zwei Aufgaben oder Beschlüsse festgehalten wurden, kann es zweierlei Bedeutung haben:
>
> Entweder sind die Teilnehmer unvorbereitet und mussten sich stundenlang über den aktuellen Projektstatus austauschen. Dann ist es vielleicht angebracht, die Art und die Prozesse der vorbereitenden Information zu überprüfen und zu optimieren.
>
> Oder aber die Arbeitsatmosphäre ist derartig angespannt, dass jeder Teilnehmer bemüht ist, seine Aktenlage zu sichern (unter dem Motto „… das wollen wir aber für das Protokoll festhalten, dass wir keinerlei Schuld an dieser Verspätung haben …"). Dann ist es vielleicht angebracht, Konfliktmanagement-Maßnahmen zu ergreifen und für das Team einen entsprechenden Workshop zu organisieren.

Für die geplanten Projekt-Reviews ist es hilfreich, wenn beispielsweise Fragestellungen nach allen Beschlüssen zu einem bestimmten Thema, eine Hitliste der Verspätungen, die durchschnittliche Aufgabendauer oder andere Auswertungen erstellt und diskutiert werden können.

> In einem großen und komplexen Projekt, bei dem eine osteuropäische Bank auf den neuesten Stand der Banktechnik gebracht wurde, war nach einem Vorstandswechsel eine Projektrevision angesagt. Der neue Vorstand warf der Projektleitung vor, die Maßnahmen für Datensicherheit vernachlässigt zu haben.
>
> In diesem Projekt wurde ergebnisorientiertes Besprechungsmanagement gelebt. In der Ergebnisdatenbank waren über 4 000 Ergebnisse und ihre komplette Entwicklungshistorie gespeichert. Der Suchlauf nach dem Begriff „Datensicherheit" brachte einen vierzigseitigen Bericht mit allen Aufgaben und Beschlüssen zu diesem Thema. Die Projektleitung hatte den Revisionsvorgang glänzend bestanden.

6.5.4.7 Voraussetzungen und Vorgehen für die Einführung

Die Einführung des ergebnisorientierten Besprechungsmanagements bedarf folgender Voraussetzungen:
- Klare Abstimmung und umfassendes Verständnis der geltenden Regeln und Prozesse im Projektteam.
- Administration und Verfolgung der offenen Aufgaben durch ein Projektbüro/Projektassistenz.
- Einsatz einer Datenbankanwendung[68] für die Verwaltung der Besprechungsergebnisse.

Die ergebnisorientierte Moderation und Protokollführung ist ein Lern- und Erziehungsprozess. Bewährt hat sich, das ergebnisorientierte Besprechungsmanagement schrittweise durch *training on the job* einzuführen:

1. *Schritt:* Erläuterung der Methode, der Regeln und der Prozesse der ergebnisorientierten Besprechungsprotokollierung sowie deren Vorteile im Projektteam.

2. *Schritt:* Durchführung einiger Besprechungen mit ergebnisorientierter Moderation mit Hilfe eines in dieser Methode erfahrenen Moderators, wobei für die Besprechung zunächst etwas mehr Zeit eingeplant wird. Gemeinsame Formulierung der Ergebnisse im Meeting; Protokollierung durch ein Team-Mitglied.

3. *Schritt:* Durchführung weiterer Besprechungen mit ergebnisorientierter Moderation ohne externen Moderator; Protokollierung rotierend durch Team-Mitglieder. Prüfung und Korrektur der Protokolle durch den Moderator.

4. *Schritt:* Übergang zur Routine; Protokollierung beispielsweise auch durch Projektassistenz, die eventuell online die Ergebnisse in die Aufgabendatenbank eingibt.

In einem großen internationalen Projekt fanden monatlich Lenkungsteam-Besprechungen ohne ergebnisorientierte Moderation statt. Zu diesen Besprechungen reiste jeweils das Management des Auftragnehmers aus Übersee an. Die Besprechungen wurden in englischer Sprache gehalten und simultan in die Landessprache übersetzt; sie dauerten meist einen ganzen Tag. Die Übersetzung der Protokolle lag in der Regel erst zwei Wochen später vor. Die Folge: Korrekturen und die Abstimmung der Protokolle aus der letzten Besprechung waren oft auf der Tagesordnung der nächsten Besprechung.

Nach der Einführung der Methode für ergebnisorientiertes Besprechungsmanagement reduzierte sich die Dauer der Besprechung auf zweieinhalb Stunden. Da die Ergebnisse während der Besprechung gemeinsam formuliert und simultan übersetzt wurden, konnten sie gleichzeitig in beiden Sprachen festgehalten werden. Die Besprechungsprotokolle konnten am nächsten Tag verteilt werden und mussten nicht mehr besprochen werden.

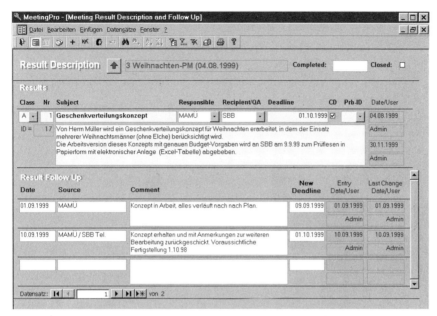

Abbildung 21: Beispiel einer Anwendung für ergebnisorientiertes Besprechungsmanagement

Abbildung 21 zeigt als Beispiel eine Eingabemaske für das Erfassen der Besprechungsergebnisse.

6.6   Erfolgsfaktor Projektplanung

> *Je planmäßiger die Menschen vor-*
> *gehen, desto wirksamer trifft sie der*
> *Zufall.*
>
> *Friedrich Dürrenmatt*

Projekte stehen seit jeher in einem enormen Spannungsfeld mit den Faktoren
Kostendruck, Verfügbarkeit der benötigten Ressourcen und Termindruck.

Stellt man sich ein Projekt als einen begrenzt elastischen Gummiblock vor (siehe
Abbildung 22), der in Schraubzwingen eingespannt ist, so kann man bis zu einem
gewissen Grade folgendes Verhalten beobachten:
Dreht man an den oberen Schrauben, steigt also der Kostendruck oder der Mangel
an benötigten Ressourcen, wird der Gummiblock in die Breite gedrückt – das Projekt dauert länger. Dreht man an der Schraube „Termindruck", versucht der Block

nach oben auszuweichen – das Projekt braucht mehr Ressourcen und wird meistens teurer.

Was passiert, wenn man an allen Schrauben gleichzeitig dreht? Der Gummiblock schrumpft; zuerst leidet die Qualität, dann sind die Projektziele in Gefahr. Bei Dauerdruck platzt der Gummiblock und das Projekt reiht sich in die unrühmliche Gruppe der gescheiterten Projekte ein.

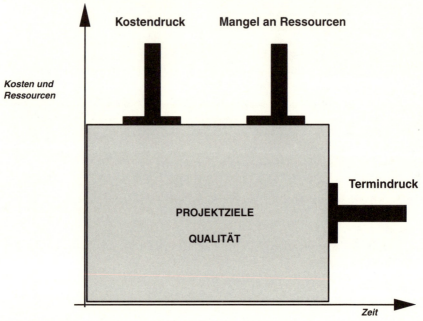

Abbildung 22: Der Gummiblock „Projektziele und Qualität"

Die Projektplanung sollte eine „Was-wäre-wenn"-Analyse ermöglichen, um Auswirkungen der unterschiedlichen Schraubzwingen zu untersuchen. Auch bei Ressourcenmangel, Kosten- und Termindruck sollte nicht grundsätzlich die Qualität leiden. Es hat sich bewährt, die Projektlieferungen in kleinere Module zu unterteilen, die diesen Druck besser abfangen können. Für den Qualitätsmanagement-Prozess ist es unabdingbar, dass die Projektplanung zusammen mit der Qualitätsplanung vorgenommen wird. Hierbei sind sowohl der Planungsprozess als auch der Planungsstil wichtig.

Zugegeben, es ist insbesondere bei Softwareentwicklungsprojekten nicht einfach, die Schleifen „Ermittlung der Anforderungen, Entwicklung, Test, Fehlerkorrektur, Test, Fehlerkorrektur …" linear zu planen.[69] Daher muss der Projektplaner Mut zur Lücke haben, sich auf die Planung der Ergebnisse konzentrieren und bei der Durchführung der einzelnen Aufgabenpakete auf die Erfahrung seiner Entwickler vertrauen.

Eine Umfrage bei den Teilnehmern am Projektmanager-Workshop eines namhaften IT-Consulting-Unternehmens hat gezeigt, dass die meisten Projektleiter Projektpläne nur für die Auftragsvergabe erstellen und während des Projekts dann meistens nicht mehr aktualisieren.

Ein Projektplan sollte nicht nur für die Projektvergabe erstellt werden und später als Tapete das Projektleiterbüro schmücken. Er sollte so strukturiert sein, dass er die weitere Steuerung und die Qualitätssicherung des Projekts unterstützt. Er soll außerdem die Kommunikation der Aufgaben und Termine im Team und die Präsentation der Lage beim Management und bei den Stakeholdern erleichtern.

Die nachfolgenden Abschnitte erläutern den ergebnisorientierten Planungsstil und dessen Elemente sowie die für IT-Projekte besonders wichtige Rolle der Projektmeilensteine in den einzelnen logischen Planungsebenen.

6.6.1 Ergebnisorientierter Planungsstil

Manche Menschen kommen in ein dunkles Zimmer und beginnen emsig zu arbeiten. Sie ergründen die Ursachen der Dunkelheit, finden Schuldige und erstellen ein mittelfristiges Konzept zur schrittweisen Reduzierung der Finsternis.
Und dann kommt einer und macht einfach das Licht an.

Peter Hohl

Bei IT-Projekten führen meist mehrere Wege zum Ziel; die Reihenfolge einzelner Arbeitsschritte ist, im Gegensatz etwa zu Bauprojekten, nicht unbedingt fest vorgegeben. Typisches Beispiel ist die Folge Entwurf, Programmieren und Testen, die mehrere Schleifen durchlaufen kann.

Ein ergebnisorientierter Planungsstil ist eine wichtige Voraussetzung für die Produktion von Projektplänen mit integrierter Qualitätsplanung, die auch für die Projektsteuerung genutzt werden können.

Dieser Stil soll an einem Übungsbeispiel erläutert werden:

Im Laufe der Jahre wurde in einer Vielzahl von Projektmanagement-Planungs-Workshops den Projektplanern wiederholt folgende Aufgabe gestellt:
Aufgabe: Planen Sie den Tagesablauf eines wichtigen Arbeitstages. Der Tag ist besonders wichtig, weil Sie genau um 10.00 Uhr in Ihrem Büro Besuch bekommen, dem Sie Ihre Arbeit vorstellen sollen. Planen Sie abschließend ein Business-Abendessen ein. Der Kunde muss pünktlich um 20.00 Uhr seinen Rückflug antreten. Unterteilen Sie die Planung in einzelne Phasen. Stellen Sie die erste Phase, Vorbereitung für den Arbeitstag und Ankunft im Büro in einem Projektplan grafisch dar.

Eine überwiegende Mehrzahl der Planer stellt meist nach einer kurzen Diskussion die erste Phase des Projektplans ungefähr so dar:

Abbildung 23: Beispiel eines aktivitätenorientierten Plans

Was ist daran falsch? Nun, dieser Plan funktioniert unter bestimmten Voraussetzungen sicher ganz gut, wenn man beispielsweise Folgendes annimmt:
– der Ausführende ist ein Mann (eine Frau würde sich vielleicht nicht als erstes rasieren),
– unter „Rasieren" wird hoffentlich implizit auch Duschen und Zähneputzen verstanden,
– „Frühstücken" beinhaltet auch die Vorbereitung des Frühstücks,
– man kippt sich nicht den Frühstückskaffee über das frische Hemd, denn ein Umziehen ist nicht mehr vorgesehen …

Diese Aktivitätenfolge ist ziemlich persönlich und den Gewohnheiten des Planers angepasst. Sie wäre nicht ohne weiteres auf einen anderen Kollegen übertragbar, der beispielsweise nie frühstückt. Dabei ist es zum Erreichen des gewünschten Ergebnisses, „pünktlich um 10.00 Uhr den Gast im Büro empfangen", unerheblich, in welcher Reihenfolge das „Rasieren", „Frühstücken" und „Anziehen" ausgeführt werden. Für eine Qualitätskontrolle bliebe in diesem Plan nicht allzu viel Raum. Der hilfsbereite Qualitätsmanager, Dr. Hilfman, könnte lediglich kurz nach 7.00 Uhr überprüfen, ob der Kollege Fleissig schon wach ist und um 10.00 Uhr, ob er pünktlich ankam.

Wie würde dieser Plan aussehen, wenn wir die Planung zusammen mit einer Qualitätsplanung ergebnisorientiert vornähmen?
Definieren wir zuerst die gewünschten Ergebnisse:
E1 = Pünktlich aufgestanden
E2 = Bereit für einen Geschäftstag mit Kundenbesuch
E3 = Pünktlich im Büro angekommen

Der erste Teil der Planung könnte dann ungefähr so aussehen:

Abbildung 24: Beispiel eines ergebnisorientierten Projektplans, Teil 1

Zu diesem ersten Teil der Planung gehört unabdingbar als zweiter Planungs-
teil die Beschreibung der gewünschten Ergebnisse, dargestellt als Projektmeilensteine. Diese könnten beispielsweise so ausschauen wie in Tabelle 12 dargestellt:

Meilenstein M1: Aufstehen		
Information:	**Beschreibung:**	**Verantwortlich:**
1. Zeitplan, Teilziele	Pünktlich und sanft geweckt werden Risiko „Verschlafen" minimieren	Otto Fleissig
2. Voraussetzungen	– Der Wecker wurde am Abend davor mit der Zeitansage synchronisiert – Der Wecker hat einen Musikweck-Modus – Es ist ein telefonischer Weckdienst verfügbar	Otto Fleissig
3. Abnahme- bedingungen a. Leistungsmerkmale	– der Wecker spielt 15 Minuten vor dem Weckertermin Musik – der Weckdienst ruft zum Weckertermin an	Otto Fleissig
b. Qualitätskriterien	– der Arbeitnehmer steht spätestens fünf Minuten nach dem Weckertermin auf – der Wecker ist so leise, dass nicht die ganze Familie geweckt wird – der Wecker spielt klassische Musik – das Telefon ist so eingestellt, dass es nur im Schlafzimmer klingelt	Otto Fleissig
c. Abnahmeverfahren und d. Verantwortliche	Unmittelbar (spätestens jedoch fünf Minuten) nach dem Aufstehen ruft der Arbeitnehmer den Freund Qualitätsmanager an und meldet, dass er wach ist. Am Abend danach meldet die Familie, ob sie sich durch die Weckgeräusche gestört fühlte.	Otto Fleissig Emma Fleissig

Meilenstein M2: Bereit für den Geschäftsalltag

Information:	Beschreibung:	Verantwortlich:
1. Zeitplan, Teilziele ·	– der Arbeitnehmer ist frisch und fit für den Arbeitstag mit Kundenbesuch – der Arbeitnehmer erscheint in Business-Kleidung	Otto Fleissig
2. Voraussetzungen	– die Geschäftskleidung steht gereinigt und gebügelt zur Verfügung – alle Lebensmittel zum Frühstück stehen bereit	Emma Fleissig
3. Abnahme- bedingungen a. Leistungsmerkmale	– der Arbeitnehmer ist nicht mehr hungrig – der Arbeitnehmer ist gepflegt und frisiert – der Arbeitnehmer trägt Anzug und Kra-watte bzw. Kostüm	Otto Fleissig
b. Qualitätskriterien	– die Kleidung und die Schuhe passen farblich zueinander und sind in gedeck-ten Farben gehalten – auf der Kleidung sind keine Flecken oder Fuseln – die Haare und das Gesicht machen einen gepflegten Eindruck – der Arbeitnehmer duftet nicht aufdringlich	Otto Fleissig
c. Abnahmeverfahren und d. Verantwortliche	Der Ehepartner macht eine Endkontrolle durch Sichten und Schnuppern („interne Abnahme")	Emma Fleissig

Meilenstein M3: Ankunft im Büro

Information:	Beschreibung:	Verantwortlich:
1. Zeitplan, Teilziele	Der Arbeitnehmer ist 10 Minuten vor dem Termin im Büro des Qualitätsmanagers zur Endabnahme Der Arbeitnehmer ist frisch und fit für den Arbeitstag mit Kundenbesuch Der Arbeitnehmer erscheint in Business-Kleidung	Otto Fleissig
2. Voraussetzungen	– die Vorbereitungen zuhause verliefen pro-blemfrei (M2 ist erfüllt) – für die Anfahrt hat der Arbeitnehmer ge-nügend Zeit mit Berücksichtigung von Staus reserviert – für den Arbeitnehmer ist ein Parkplatz in der Tiefgarage reserviert – alternativ nimmt der Arbeitnehmer die S-Bahn und ein Taxi	Otto Fleissig Otto Fleissig

Meilenstein M3: Ankunft im Büro (Fortsetzung)		
Information:	**Beschreibung:**	**Verantwortlich:**
3. Abnahme- bedingungen a. Leistungsmerkmale	– der Arbeitnehmer ist gepflegt, frisiert und gut gelaunt – der Arbeitnehmer trägt Anzug und Krawatte bzw. Kostüm – der Arbeitnehmer holt den Besuch an der Pforte ab	Otto Fleissig
b. Qualitätskriterien	– der Arbeitnehmer sieht im Stil des Hauses gepflegt aus – der Arbeitnehmer ist nicht verschwitzt – der Arbeitnehmer lächelt freundlich	Otto Fleissig
c. Abnahmeverfahren und d. Verantwortliche	Der Qualitätsmanager macht eine Endabnahme durch Sichten und Checkliste XY.doc	Hugo Hillman

Tabelle 12: Definition der Ergebnisse als Projektmeilensteine

Generell sollte man beim Planen in IT-Projekten die gute alte Regel beherzigen: Man plant nicht so detailliert wie möglich, sondern nur so detailliert wie nötig!
Bei Vorgängen, die nicht weiter detailliert werden, bleibt mehr Raum für Kreativität. Die erwünschten Ergebnisse müssen allerdings in der oben vorgestellten Form von Meilensteinen im Team exakt abgestimmt werden.

6.6.2 Logische Planungsebenen

Projektplanung ist in der Regel ein iterativer Prozess. Die Kunst des Planens besteht hauptsächlich darin, die Terminvorgaben des Managements oder des Kunden mit der durchzuführenden Arbeit in Einklang zu bringen. In den Planungsprozess fließen insbesondere folgende Parameter ein:

• Terminvorgaben und strategische Entscheidungen des Auftraggebers,
• Abhängigkeiten zwischen einzelnen Teilprojekten und
• Prozess- und Fachwissen des Projektteams.

Die unterschiedlichen Stufen der Planung im Rahmen eines Projektes im Unternehmen können in vier logische Ebenen eingeteilt werden (Abbildung 25), je nach der Position und der Funktion des Betrachters oder des Planers im Projekt.

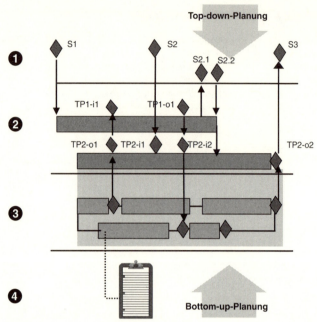

Abbildung 25: Logische Planungsebenen

1. Ebene: Strategische Vorgaben

In der ersten Ebene werden die durch die Auftraggeber oder durch das Management definierten strategischen Ziel- und Terminvorgaben sowie Entscheidungen als Meilensteine dargestellt. Typische Meilensteine dieser Art sind zum Beispiel Projektanfang, Projektende, Test-, Freigabe- und Abgabetermine.

2. Ebene: Integrationsplanung

Die zweite Planungsebene, die Ebene der Multiprojekt- oder Teilprojektintegration, dient zur Abstimmung und Synchronisation einzelner Teilprojekte in großen und komplexen Projekten. Die einzelnen Teams stehen dabei zueinander abwechselnd in der „Lieferanten/Kunden"-Beziehung.

Die Ergebnisse einzelner Teilprojekte werden als Ausgabemeilensteine (*Deliverables*) definiert, die Vorgaben als Eingabemeilensteine (*Prerequisites*). Die Kooperation der Teilprojekte und die Synchronisation der Prozessabläufe werden durch Meilensteinpaare abgebildet. So kann man Verspätungen und Verzögerungen und deren Entstehungsquelle sehr gut nachvollziehen und durch passende Maßnahmen rechtzeitig gegensteuern.

Darüber hinaus werden bei der Integrationsplanung Engpässe in der Verfügbarkeit gemeinsam genutzter Ressourcen identifiziert und ihre Auswirkungen auf den Gesamtablauf des Projektes untersucht.

Die besondere Rolle der Meilensteine wird detailliert in Abschnitt 6.6.4 erläutert.

3. Ebene: Projektablauf

In der dritten logischen Planungsebene werden die konkreten Arbeitspakete, Arbeitsabläufe und Projekttermine des einzelnen (Teil-)Projekts in Form von Netzplänen, beziehungsweise vernetzten Balkenplänen, abgebildet. Dabei werden standardisierte Meilensteine für die Qualitätssicherung der erarbeiteten Ergebnisse definiert. In dieser Planungsebene werden den Arbeitspaketen Ressourcen zugewiesen und Kosten eingelastet.

4. Ebene: Aufgabenlisten

In der vierten logischen Planungsebene werden zu den entsprechenden Projektarbeitspaketen detaillierte Aufgaben-, Aktivitäten- und Checklisten spezifiziert. Dabei fließen insbesondere das Fachwissen, die Erfahrung und das Know-how der Teammitglieder ein.

6.6.3   Die häufigsten Planungssünden

Die erste, die strategische Ebene ist in der Regel bereits zur Zeit der Projektvergabe und später im Projektvertrag mit entsprechenden Terminvorgaben der Auftraggeber definiert. Führt man zu diesem Zeitpunkt die Netzplanung nicht konsequent durch, ist mit dem so entstandenen Projektplan ein plausibler Nachweis der Machbarkeit bezüglich der Terminvorgaben nicht möglich.

Die meisten Projektplaner von IT-Projekten beginnen die detaillierte Planung nach der Auftragsvergabe mit einem intuitiven Ansatz, das heißt, mit der Erstellung von Aufgabenlisten (To-Do-Listen) und Aktivitätenlisten. Dies entspricht der Planungsart in der vierten logischen Planungsebene. Damit fallen die meisten Projektpläne zu unübersichtlich, unflexibel und wenig ergebnisorientiert aus. Für die Präsentation des Projektplans beim Management müssen dann meist zusammenfassende Balkenbilder manuell mit einem Grafikprogramm erstellt werden. Die wenigsten Projektplaner erstellen für ein IT-Projekt einen expliziten Projektstrukturplan.

Leider führen viele Projektplaner auch nicht mehr die weiteren notwendigen Planungs-Iterationsschritte zur Verbindung der Planvorgaben in allen vier Ebenen durch. Das heißt, die Planung der Teilprojektintegration, der Schnittstellen und Ergebnisse (zweite und dritte Planungsebene) wird in der Praxis meistens vernachlässigt.

Die meisten Planungswerkzeuge werden somit, auch wenn sie die Funktion der Netzplantechnik bieten, überwiegend nur als Listeneditoren verwendet. Die so erstellten Listen haben die Form von Balkenplänen und sind mehr oder weniger strukturiert. Sie vermitteln auf den ersten Blick den Eindruck einer professionellen Projektplanung. Trotzdem eignen sie sich nicht zur Steuerung komplexer Projekte, da die Abläufe, Abhängigkeiten und Schnittstellen zwischen den Teilprojekten untereinander in der Regel nicht berücksichtigt sind. Eine weitere häufige Planungssünde ist es, die Projektplanung in der „stillen Stube" ohne das Projektteam durchzuführen. Auch bei der Projektplanung gilt die Devise: *„Der Weg ist das Ziel."* Wird das Team nicht in den Planungsprozess einbezogen, fehlt ihm oft das Verständnis für die angestrebten Zwischenziele und die Motivation, sie termingerecht zu erreichen.

6.6.4   Rolle der Meilensteine

Wie bereits erwähnt, sind exakt definierte und spezifizierte Meilensteine ein wertvolles Instrument, um Folgendes zu erreichen:

- einheitliches Verständnis im Projektteam und im Projektumfeld bezüglich der zu liefernden Zwischenergebnisse und Ergebnisse,
- gleiche Erwartungshaltung an den Inhalt und die Qualität der Schnittstellen zwischen den Teilprojekten ,
- Kontrollpunkte für die Qualitätssicherung der Projektplanung sowie der Ergebnisse.

Meilenstein (Name)		
Information:	**Beschreibung:**	**Verantwortlich:**
1. Zeitplan, Teilziele	Teilergebnisse, Verantwortliche, Kontrollpunkte, Kontrolltermine	namentliche Nennung
2. Voraussetzungen	Abhängigkeiten von anderen, Startvoraussetzungen	namentliche Nennung
3. Abnahmebedingungen a.	Leistungsmerkmale (was muss erfüllt sein)	namentliche Nennung
b.	Qualitätskriterien und Metriken (wie wird die Qualität gemessen bzw. geschätzt)	namentliche Nennung
c.	Abnahmeverfahren (durch Abnahmetests oder durch Entscheidung des Managements, Form der Abnahme, Formulare)	namentliche Nennung
d.	Verantwortliche für den Start bzw. für die Abnahme (Unterschriftenberechtigung) namentliche Nennung	namentliche Nennung

Tabelle 13: Definition der Projektmeilensteine

Alle wesentlichen Ergebnisse der einzelnen Projektphasen werden in Form von Meilensteinen eingeplant. Zu jedem Meilenstein wird, wie in Tabelle 13 beschrieben, eine Feinspezifikation erstellt. Diese Meilensteindefinition gehört, zusammen mit einer aktuellen Version des Projektplans, in die Anlage des Projekthandbuchs und sollte sowohl im Projektteam als auch im Projektumfeld bekannt sein.

Beispiel: Planungsregeln
Folgendes Beispiel soll die Umsetzung der Theorie in die Projektpraxis in Form von Anweisungen an das Projektteam erläutern:

Einige Projektmanager erliegen dem Irrtum, dass für eine benutzerfreundliche Software-Planungsanwendung keine einführenden Regeln vereinbart werden müssen. Diese Einschätzung trifft insbesondere auf MS-Project zu. Die von den Teilprojektleitern mangels Absprache „kreativ" erstellten Projektpläne können anschließend nur schwer in einen Gesamtplan integriert werden.

Für die Planung mit MS-Project können zum Beispiel im Projektteam-Kick-off-Meeting folgende Regeln vereinbart und im Projekthandbuch dokumentiert werden:

- Die Planung der einzelnen Teilprojekte wird von den Teilprojektleitern vorgenommen.
- Die Teilprojektpläne werden durch den Projektleiter in einer Projektdatei zusammengeführt und konsolidiert. Für diese Zusammenführung wird die MS-Project-Funktion für Teilprojektplanung verwendet.
- Die Projektpläne werden durch Sammelvorgänge modular strukturiert, so dass sie als Kommunikationsunterlage verwendet werden können.
- Alle wesentlichen Ergebnisse werden durch Meilensteine abgebildet.
- Die globalen Meilensteine werden im oberen Teil des Projektplans positioniert.
- Es ist vorgesehen, den Projektplan als Unterlage für die Kommunikation mit den internationalen Stakeholdern ins Englische zu übertragen.
- Um eine eindeutige Identifizierung der Meilensteine und Aktivitäten (auch bei Ergänzungen oder Sortierung) zu gewährleisten, werden alle Vorgänge (Meilensteine, Aktivitäten, Sammelvorgänge) mit einem Struktur-Code versehen.
  Die Meilensteine werden nach folgender Regel benannt:
  Ma_owner_nn,
  wobei M = fest,
  a = Art (i für Input-Meilenstein und o für Output-Meilenstein)
  owner = 2–3 Buchstaben-Code für die Organisationseinheit, die als Owner des Meilensteins (bzw. der damit verbundenen Ergebnisse) gesehen wird
  nn = 2-stellige laufende Nummer.
- Die Aktivitäten werden mit Struktur-Code: AP_nn bezeichnet, wobei AP ein Kürzel für den Sammelvorgang (Arbeitspaket) ist.
- Der Meilensteincode sowie der Aktivitätencode werden in der MS-Project Text9-Spalte (Überschrift „ID") der Aktivitätenspalte vorangestellt.

- Ressourcen werden durch die eingeführten Kürzel identifiziert. Es werden auch virtuelle Ressourcen (wie WWW-Engineer, Product-Engineer ... u. a) eingeplant, um den Bedarf an neuen Mitarbeitern für das Projekt anzuzeigen.
- Der zentrale MS-Project-Ressourcenpool wird für die Personalplanung bzw. das Projektcontrolling genutzt.
- Als Muster für die verabschiedeten Planungsregeln dient die MS-Project-Datei Projekt-XYZ.mpp auf dem Projektserver.
- Alle Meilensteine werden mit der ebenfalls auf dem Server abgelegten Vorlage MM-XYZ.doc tabellarisch beschrieben.

6.6.5   Kommunikationsfreundliche Projektstruktur

Auch bei der Projektplanung sollte nicht vergessen werden, dass Kommunikation der Erfolgsfaktor Nummer eins ist. Ein Projektplan sollte sowohl in der Projektplanungsphase als auch bei der Projektsteuerung so geplant und strukturiert sein, dass er als Instrument für die Kommunikation und das Qualitätsmanagement verwendet werden kann.

Abbildung 26 zeigt ein Beispiel für einen strukturierten Projektplan mit Meilensteinen. Obwohl dieser Plan über 350 Vorgänge umfasst, kann er durch Zusammenfassen der Details in Sammelvorgängen (eine Standardfunktion des Planungsprogramms MS-Project) auf einer Seite dargestellt werden. In dieser Form ist er übersichtlich und verständlich genug, so dass er sowohl im Team als auch dem Auftraggeber und dem Management gegenüber als Kommunikationsvorlage präsentiert werden kann.

Alle Terminvorgaben, Abnahmen und Lieferungen aus Fachbereichen und anderen Projekten sind im oberen Teil des Projektplans in Form von Schnittstellen-Meilensteinen dargestellt und mit den darauf folgenden Vorgängen verknüpft. Konsequenzen aus Verzögerungen bei der Lieferung, die eine Verschiebung ganzer Arbeitspakete in der Zeitachse nach hinten zur Folge haben, können auf diese Weise höchst wirkungsvoll dem Lieferanten kommuniziert werden.

Da auch alle Zwischenergebnisse der einzelnen Arbeitspakete als Meilensteine auf den Sammelbalken dargestellt werden, kann der Qualitätsmanager mögliche Risikopotentiale auf einen Blick bereits während des Planungsvorgangs erkennen.

Ein Beispiel:
Am Arbeitspaket 2B arbeitet das Projektteam ein halbes Jahr lang, ohne Zwischenergebnisse zu produzieren. Hier wäre ein klärendes Gespräch mit dem Verantwortlichen angesagt.

Darüber hinaus ist auf den ersten Blick ersichtlich, dass die meisten Meilensteine (Ergebnislieferungen) für den Zeitraum Ende März, Anfang April, also vor Ostern, anstehen. Da bekannt ist, dass die Mitarbeiter des Auftraggebers bis Ostern ihren

Resturlaub nehmen müssen und daher nicht für die Abnahme bereitstehen, ist hier mit Terminverzögerungen zu rechnen.

Beim Arbeitspaket 7 (AP7, Inbetriebnahme der Arbeitspakete) ist noch kein einziger Meilenstein eingeplant. Das lässt darauf schließen, dass dem Team der genaue Leistungsumfang noch nicht bekannt ist.

Die standardisierte Namensgebung der Ergebnismeilensteine ermöglicht ein schnelles Nachschlagen in der zum Projektplan gehörenden Meilensteinspezifikation. Im Rahmen der Qualitätssicherung können auf der Basis dieser Spezifikation Lieferumfang, Inhalt und Qualität jedes erstellten Ergebnisses überprüft werden.

Nr.	ID	❶	Vorgangsname	Dauer	Terminplan (3. Qtl. 1998 – 3. Qtl. 1999)
1			Schnittstellenmeilensteine	170 Tage	
2		✓	Meilenstein AP1: Projektvorbereitung	0 Tage	07.10.
4			Meilenstein AP2: Plandaten aus Fachbereich	170 Tage	10.08.
9			Meilenstein AP3: Datenbelieferung an Controlling	63 Tage	01.12.
13			Meilenstein AP4: Daten bereitstellen aus Controlling	65 Tage	04.01.
19			Meilenstein AP5: Teilnetzbetrachtung	48 Tage	10.08.
24			Meilenstein AP6: Sondererlöse	135 Tage	10.08.
28			Meilenstein AP7: Inbetriebnahme	0 Tage	10.08.
35					
36	AP1		Arbeitspaket 1: Vorbereitende Maßnahmen	33 Tage	10.08.
54					
55	AP2A		Arbeitspaket 2A: Bereitstellen von Plandaten aus Fachbereich	98 Tage	07.09.
97	AP2B		Arbeitspaket 2B: Aufbau des Sterns für Plandaten	165 Tage	10.08.
140	Mo_A2E3P09		Erklärung der Fertigstellung für AP2	0 Tage	01.04.
141					
142	AP3		Arbeitspaket 3: Belieferung von Leistungs- und Erlösdaten a	139 Tage	10.08.
195	Mo_A3E3P09		Erklärung der Fertigstellung für AP3	0 Tage	24.02.
196					
197	AP4A		Arbeitspaket 4A: Bereitstellen von IST-Daten des Fachbereich	39 Tage	21.12.
229					
230	AP4B		Arbeitspaket 4B: Aufbau des Sterns für IST-Daten	161 Tage	10.08.
275	Mo_A4E3P09		Erklärung der Fertigstellung für AP4	0 Tage	26.03.
276					
277	AP5		Arbeitspaket 5: Bereitstellen der Teilnetzbetrachtung im DWI	104 Tage	10.08.
322			((PL: noch einplanen))	0 Tage	10.08.
323	AP6		Arbeitspaket 6: Sondererlöse	135 Tage	10.08.
350			((PL: noch einplanen))	0 Tage	10.08.
351	AP7		Inbetriebnahme der Arbeitspakete/Releases (nicht Bestand)	187 Tage	10.08.

Abbildung 26: Beispiel eines strukturierten, kommunikationsfreundlichen Projektplans

6.6.6 Risikoabschätzung

Eine formelle, in der Produktion übliche Fehlermöglichkeits- und -einflussanalyse (FMEA) im Projekt durchzuführen, ist nur mit extensiver Vorbereitung, entsprechenden Tools und bei entsprechender Schulung in eingespielten Projektteams möglich.

Die informelle Variante einer FMEA, bei IT-Projekten auch als „Murphy-Analyse"[70] bekannt, sollte allerdings in keiner Projektplanungsphase fehlen. Denn wer kennt nicht Murphy's Gesetz: „Alles was schief gehen kann, geht schief und zwar genau dann, wenn man es am wenigsten brauchen kann."

Die Ergebnisse einer meist in Form eines Brainstorming durchgeführten informellen Analyse sollten in die Planung und in die Testkonzepte einfließen. Hilfreich ist die Nutzung von Fehlerdatenbanken, um aus Erfahrungen, vor allem auch aus den Erfahrungen anderer, lernen zu können.

6.6.7   Projektplanung und Qualitätsplanung

Der Begriff *Qualitätsplan* hat in der Welt der ISO-Normen eine vorbesetzte, rein produktorientierte Bedeutung. Das Vorgehen für die Erstellung eines Qualitätsplans in einem IT-Projekt sowie seine Inhalte sind in Abschnitt 3.1 erläutert.

Unter Qualitätsplanung wird an dieser Stelle die Planung aller qualitätssichernden Maßnahmen für alle Prozesse im Projekt verstanden. Da diese Maßnahmen genauso wie jede andere zu planende Projektaktivität Ressourcen binden, Aufwand und Kosten verursachen und Zeit brauchen, müssen sie genauso sorgfältig vom Anfang des Projekts an berücksichtigt werden.

Aus der Geschichte der Entwicklung der Qualitätskonzepte wissen wir, dass man Qualität in die Prozesse nicht hineinprüfen kann. Was man also bei der Planung nicht vorgesehen hat, das wird man während des Projektverlaufs auch schwerlich vorfinden.

7 Qualitätsmanagement- und Zertifizierungssysteme

Der eine acht's,
der andere verlacht's,
der dritte betracht's,
was macht's!

Inschrift Bürgerhaus Bamberg

Der Faktor Qualität erreichte in den letzten Jahren eine wettbewerbsbeeinflussende Bedeutung. Es ist deshalb nicht verwunderlich, dass alle, die sehr viel in den Aufbau von Qualitätssystemen investieren, deren erfolgreiche Einführung auch, sichtbar für die Öffentlichkeit, bestätigt sehen wollen. In diesem Kapitel werden sowohl die unternehmens- als auch die projektbezogenen Verfahren und Auszeichnungen besprochen.

7.1 Zertifizierung und Auszeichnungen für Unternehmen

Der Aufbau eines Qualitäts-Systems oder die Einführung eines Qualitätsmanagement-Konzepts in einem Unternehmen dauert in der Regel mehrere Jahre. Je nach Land, Unternehmensart und Unternehmenskultur kann dieser Aufbau nach folgenden Modellen mit einer unterschiedlichen „Abnahme" (Zertifikat oder Preis) erfolgen. Die Modelle für Unternehmen werden in den folgenden Abschnitten erläutert.

7.1.1 Zertifizierung nach ISO 9000 für Organisationen

Die Zertifizierung nach ISO ist international einheitlich vorgegeben. Im Automobilsektor ist beispielsweise für eine EU-weite Zulassung eine Zertifizierung ab 1996 gesetzlich vorgeschrieben. Auch bei Ausschreibungen der öffentlichen Hand werden heute bereits die Unternehmen bevorzugt, die ein Zertifikat nach ISO 900x nachweisen können.

Um diese Zertifizierung zu erreichen, muss ein QM-System nach der entsprechenden ISO-900x-Norm in dem zu zertifizierenden Unternehmen eingeführt werden (vergleiche Abschnitt 2.3).

Das System wird, sobald es vollständig dokumentiert ist und zufriedenstellend läuft, von einem akkreditierten Zertifizierungsunternehmen in einem so genannten „Audit" auf Konformität mit der entsprechenden Norm geprüft. Nach bestandener Prüfung ist das Unternehmen nach ISO 9001, 9002 oder 9003 zertifiziert, wobei 9001 die umfassendste Anforderung und 9003 die am wenigsten umfassende Anforderung an das QM-System stellt.

Akkreditierte Zertifizierungsunternehmen sind in Deutschland beispielsweise der DEKRA, die DQS, der TÜV Bayern und der RWTÜV.

7.1.2 Qualitätspreise für Unternehmen

Bei der Einführung eines TQM-Qualitätsmanagement-Konzepts bewirbt sich das Unternehmen in der Regel abhängig von seiner Nationalität um einen Qualitätspreis:
* Deming Prize in Japan
* Malcolm Baldrige National Quality Award (MBNQA) in den USA
* European Quality Award (EQA) in Europa
* Ludwig-Erhard-Preis (LEP) in Deutschland

Viele Unternehmen nahmen in den letzten Jahren diese Herausforderung an. Mit internen Audits, Qualitätszirkeln, Prozessoptimierungen, Zertifizierungen und kontinuierlichen Verbesserungsprogrammen versuchen sie, Schwachstellen abzubauen, Stärken zu fokussieren und auf Dauer Spitzenleistungen im Wettbewerb zu vollbringen. Der Weg zum umfassenden Qualitätsmanagement ist lang, aber notwendig.

Die Bewerbung um einen Qualitätspreis lohnt sich auch dann, wenn sie nicht mit dem Gewinn des Preises gekrönt wird. Bereits das Bewerbungsverfahren schafft großen Nutzen. Es unterzieht das gesamte Unternehmen einer grundlegenden Analyse. Die Beteiligung aller Mitarbeiter fördert die Identität mit dem eigenen Unternehmen, Schwachstellen werden aufgedeckt, Verbesserungspotentiale erkannt und die Wettbewerbsposition bewusster gemacht.

Das Vorgehen für die Bewerbung und Bewertung ist für alle aufgeführten Preise ähnlich. Zum Bewertungsprozess gehört der von unabhängigen, geschulten Assessoren erstellte Bewertungsbericht, der dem Bewerber mögliche Differenzen zwischen seiner Selbsteinschätzung und der Fremdbeurteilung aufzeigt. Die Gegenüberstellung erlaubt eine objektive Bestimmung der eigenen Wettbewerbsfähigkeit.

7.1.2.1 Deming Prize

Unmittelbar nach dem Zweiten Weltkrieg begannen die Japaner unter Feder-führung der im Mai 1946 gegründeten Japanese Union of Scientists and Engineers (JUSE) und mit Unterstützung des Amerikaners Deming ein Total Quality Control (TQC) -Referenzmodell zu entwickeln. Unter der Bezeichnung Deming Prize wird diese Auszeichnung seit 1951 jährlich an besonders vorbildliche Unternehmen verliehen. Bis 1990 konnten 126 Unternehmen diese Auszeichnung erringen, unter ihnen auch hier bekannte Unternehmen wie Fuji Photo, Mitsubishi, Nissan und Toyota.

Die Auszeichnung bringt keinen monetären Gewinn; sie ist jedoch mit einem sehr positiven Image verbunden und bringt dadurch spürbare Marktvorteile. Träger des Deming Prize können weitreichende Qualitätsverbesserungen und eine erhebliche Steigerung der Marktanteile vorweisen.

Am *Deming Prize* orientierten sich später auch der amerikanische MBNQA und der europäische EQA.

7.1.2.2 Malcolm Baldridge National Quality Award (MBNQA)

Der *Malcolm Baldridge National Quality Award* (MBNQA) wird seit 1987 in den USA vergeben, ursprünglich auf Veranlassung des amerikanischen Präsidenten Ronald Reagan zu Ehren des verstorbenen Secretary of Commerce, Baldridge. Damit wurde in den USA eine staatlich geförderte Qualitätsver-besserungsinitiative gesetzlich verankert, sozusagen als Antwort auf die japanischen Erfolge.

Das Malcolm-Baldridge-Assessment gilt als eines der besten Werkzeuge für eine TQM-Standort-Analyse.

MBNQA wird jährlich für drei Bereiche verliehen:
• produzierendes Gewerbe,
• kleine Unternehmen und
• Dienstleistungen.

Das Rahmenkonzept des MBNQA basiert dabei auf folgenden Grundsätzen:
• Die Ausrichtung auf den Kunden (*Customer-Driven Quality*)
• Das Einbeziehen der Führungskräfte und ihres Führungsverhaltens (*Leadership*)
• Kontinuierliche Verbesserung und Bereitschaft zum Lernen (*Continuous Improvement on Learning*)
• Mitarbeiterbeteiligung und Personalentwicklung (*Employee Participation and Development*)
• Qualität in der Entwicklung und den vorbeugenden Maßnahmen (*Design Quality and Prevention*)
• Langfristiges, vorausschauendes Handeln (*Long Range View to the Future*)

- Managements by Facts
- Aufbau und Erhaltung von partnerschaftlichen Beziehungen (*Partnership Development*)
- Gesellschaftliche Verantwortung und Beziehungen zum Umfeld (*Corporate Responsibility and Citizenship*)
- Ergebnisorientierung (*Result Orientation*)

Die Inhalte des Modells werden kontinuierlich weiterentwickelt und gelten heute als Abbildungen eines typischen qualitätsorientierten Unternehmens.

7.1.2.3 European Quality Award (EQA)

Anfang der neunziger Jahre wurden die Erfolge der Anwendung des amerikanischen MBNQA schließlich auch in Europa registriert. Es wurde beschlossen, (EQA) eine ähnliche Institution zu schaffen. Dies führte zur Gründung der EFQM[71], der *European Foundation for Quality Management*. Hier fanden sich eine Reihe unterschiedlicher Unternehmen zusammen. Diese Vereinigung von Spitzenunternehmen Europas hielt es für notwendig, im Konkurrenzkampf der Weltmärkte ein eigenes Programm zur Erhöhung der eigenen Wettbewerbsfähigkeit zu etablieren. Sie riefen das europäische Gegenstück zum MBNQA, den *European Quality Award*, ins Leben.

Das war keineswegs ein vorhersehbarer Schritt, denn in Europa glaubte man zunächst, durch die Zertifizierung auf Basis der Euronorm EN 29000 – später ISO 9000 – ein ähnliches Vorgehen bereits definiert zu haben.

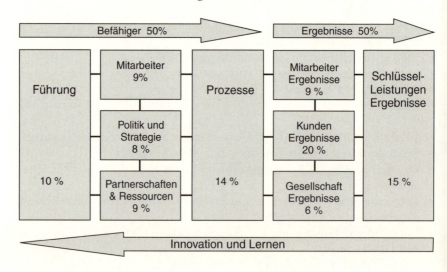

Quelle: EFQM Internet Präsentation

Abbildung 27: Modell des European Quality Award

Bei der Schaffung des EQA konnten die Erfahrungen aus den beiden anderen Auszeichnungen, *Deming* und *Baldrige*, berücksichtigt werden. Seit seiner Gründung erfährt der EQA eine zunehmende Akzeptanz und Verbreitung in Europa. Die offizielle Vertretung der EFQM in Deutschland ist die deutsche Sektion der EFQM, eine Interessenvereinigung deutscher Unternehmen und öffentlicher Einrichtungen, die Mitglieder der EFQM (Brüssel) sind und deren Vertreter an der Förderung einer modernen Managementphilosophie in Deutschland als Mittel zur Stärkung im weltweiten Wettbewerb zusammenarbeiten wollen. Die deutsche EFQM ist die von der EFQM (Brüssel) anerkannte Vertretung und setzt deren Rahmenrichtlinien in Deutschland um.

Eine Basis für das Vorgehen ist das Modell des European Quality Award, das sich inhaltlich in weiten Teilen an das amerikanische Vorbild anlehnt (Abbildung 27).

7.1.2.4 Ludwig-Erhard-Preis (LEP)

Den deutschen Qualitätspreis – Ludwig-Erhard-Preis – hat die Deutsche Gesellschaft für Qualität, DGQ, gemeinsam mit dem VDI und den Spitzenverbänden der deutschen Wirtschaft initiiert und entwickelt. Er wurde erstmals 1997 an zwei Unternehmen vergeben. Der Ludwig-Erhard-Preis (LEP) schließt die Lücke zwischen einzelnen Landespreisen in Deutschland und dem europäischen Qualitätspreis *European Quality Award*.

Die Beteiligung am Wettbewerb um den Ludwig-Erhard-Preis ist praktiziertes Benchmarking, ein Vergleich mit den Besten der Branche.

Die Initiative Ludwig-Erhard-Preis wird von den Spitzenverbänden der deutschen Wirtschaft BDA, BDI, BGA, DIHT, HDE und ZDH sowie den technisch-wissenschaftlichen Vereinen DGQ und VDI getragen.

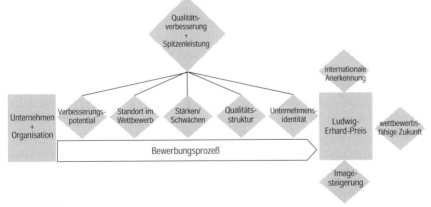

Quelle: EFQM Internet Präsentation

Abbildung 28: Kriterienmodell des Ludwig-Erhard-Preises

Deutsche Verbände – Träger der LEP-Initiative

Bundesvereinigung der Deutschen Arbeitgeberverbände, Köln (BDA)

Bundesverband der Deutschen Industrie, Köln (BDI)

Bundesverband des Deutschen Groß- und Außenhandels, Bonn (BGA)

Deutscher Industrie- und Handelstag, Bonn (DIHT)

Hauptverband des Deutschen Einzelhandels, Köln (HDE)

Zentralverband des Deutschen Handwerks, Bonn (ZDH)

Deutsche Gesellschaft für Qualität, Frankfurt am Main (DGQ)

Verein Deutscher Ingenieure durch seine Gesellschaft Systementwicklung und Projektgestaltung, Düsseldorf (VDI-GSP)

Tabelle 14: Deutsche Verbände – Träger der LEP-Initiative

Die Initiative sorgt für die Verbreitung der Idee dieses deutschen Qualitätspreises und gestaltet im Rahmen eines Komitees, einer Jury und eingesetzter Arbeitskreise alle Aktivitäten zur Durchführung des Ludwig-Erhard-Preises. In den Gremien wirken zahlreiche Experten aus allen Bereichen der deutschen Wirtschaft und Wissenschaft ehrenamtlich mit. Die Initiative wird somit von vielen Unternehmen, Institutionen und Persönlichkeiten unterstützt. Die Geschäftsführung des Ludwig-Erhard-Preises obliegt der DGQ und dem VDI durch seine VDI-Gesellschaft VDI-GSP.

Die Zielgruppe des Ludwig-Erhard-Preises sind Unternehmen aller Branchen und Größen sowie Organisationen wie Behörden, Gesundheits- und Bildungseinrichtungen.

7.1.3   Mitarbeiterzertifizierung der DGQ

Die 1952 in Frankfurt gegründete Deutsche Gesellschaft für Qualität e. V. (DGQ) behandelt alle Aufgaben, die dem Gebiet des Qualitätsmanagements zugeordnet werden. Als Non-Profit-Organisation verfolgt die DGQ gemeinnützige Zwecke. Die DGQ ist, nach ihren eigenen Aussagen, der erfahrenste Bildungsanbieter für Qualitätsmanagement im deutschsprachigen Raum und hat rund 8.000 Mitglieder.

Die DGQ ist Gründungs- und Vollmitglied der European Organization for Quality (EOQ) in Bern, sowie der European Foundation for Quality Management (EFQM) in Brüssel.

Ziel der DGQ ist es, das Know-how und die wirtschaftlichen Methoden auf dem Gebiet des Qualitätsmanagements weiterzuentwickeln, über die neuesten Erkenntnisse zu informieren und deren praktische Umsetzung zu fördern. Die Aus- und Weiterbildung im Qualitätsmanagement sieht die DGQ dabei als die wichtigste Aufgabe bei der Verwirklichung ihrer Ziele.

In der Ausbildung bietet die DGQ ein geschlossenes Ausbildungskonzept. Es

besteht aus einem Lehrgangsprogramm, das mit einer Prüfung und einem Zertifikat abschließt. Hier können sich die Teilnehmer unter anderem qualifizieren zum
- DGQ-Qualitätsassistenten,
- Qualitätsprüfer,
- Qualitätsbeauftragten,
- Qualitätsmanager und zum
- DGQ/EOQ-Auditor.

Im Lehrgangsbereich Statistische Methoden bietet die DGQ folgende Zertifikate an:
- Qualitätstechnik QST,
- Qualitätstechnik QII sowie
- DGQ-Instruktor.

Die DGQ arbeitet mit etwa 300 Dozenten zusammen. Rund 30.000 Teilnehmer verzeichnet die DGQ jährlich in ihrem Ausbildungsprogramm. Von den insgesamt mehr als 600.000 Teilnehmern erhielten bis heute mehr als 80.000 ein Zertifikat.

7.2 Zertifizierung und Auszeichnungen für Projektmanagement

In den folgenden Abschnitten werden die für eine Projektumgebung relevanten Zertifizierungen und Preise besprochen.

7.2.1 Zertifizierung von Projektmitarbeitern und Projektmanagern

In einer Projektumgebung sind es vor allem die Menschen, die die Qualität des Projektteams und letztendlich die Qualität des Projekts beeinflussen. Bei den angestrebten flachen Managementstrukturen in den projektorientierten Unternehmen ist die Zertifizierung ein willkommener Karrierepfad für qualifizierte Mitarbeiter.

Die Zertifizierung eines Projektmanagers ist gleichbedeutend mit der Bestätigung von Kompetenz und Konformität durch eine unparteiische Institution. Die durch die *International Project Management Association* geforderten Kernkompetenzen eines Projektmanagers werden in der IPMA-Competence-Baseline (ICB) beschrieben.

7.2.1.1 Zertifizierungsprogramm und Inhalte

Für die Zertifizierung im Projektmanagement in Deutschland hat die GPM Anfang 1996 eine eigenständige und zentrale Zertifizierungsstelle PM-ZERT gegründet. Je nach Wissens- und Ausbildungsstand sowie Berufserfahrung von Projektmanagern werden vier unterschiedlich graduierte Zertifizierungsstufen angeboten, die sowohl unabhängig voneinander als auch nacheinander durchlaufen werden können. Sie führen zu folgenden Zertifikaten:

Stufe	Zertifikat und Anforderungen
D	PMF, Zertifizierter Projektmanagement-Fachman (GPM) *Shall have the project management knowledge in all fields (and may be applying it on some fields as a specialist).* – Verfügt über gute Schulbildung und Berufserfahrung (ungefähr 13 Jahre). – Besitzt umfassendes Wissen in allen Bereichen des Projektmanagements und die Fähigkeit, die Kenntnisse anzuwenden. – Ist fähig, als Mitglied im Projektleitungsteam eines komplexen Projektes in irgendeinem Projektmanagement-Bereich zu arbeiten. – Kann Leitungsfunktionen in einem Projekt übernehmen.
C	PMP, Zertifizierter Projektleiter (GPM) *Can manage non-complex projects him/herself and assist the manager of a complex project in all fields of project management.* – Kann mindestens drei Jahre Projektmanagement-Erfahrung in verantwortlichen Leitungsfunktionen von nicht-komplexen Projekten nachweisen. – Ist verantwortlich für ein nicht-komplexes Projekt und alle seine Projektparameter. – Ist verantwortlich für und führt ein kleines Team von Projektmanagement-Personal. – Kann als Mitglied im Projektleitungsteam eines komplexen Projektes in jedem Projektmanagement-Bereich arbeiten und übernimmt die Verantwortung für die diesbezüglichen Projektparameter. – Wendet PM-Methoden, -Techniken und -Werkzeuge an.
B	CPM, Zertifizierter Projektmanager (GPM) *Shall be able to manage complex projects him/herself.* – Kann mindestens fünf Jahre Projektmanagement-Erfahrung nachweisen, davon drei Jahre in verantwortlichen Leitungsfunktionen von komplexen Projekten. – Ist verantwortlich für ein komplexes Projekt mit – vielen abhängigen Subsystemen und Elementen und vielfältigen Beziehungen zum Projektumfeld, – mehreren beteiligten Organisationen bzw. Organisationseinheiten, – unterschiedlichen Fachdisziplinen, – verschiedenen Projektphasen von nicht zu kurzer Dauer, – vielfältigem Einsatz gebräuchlicher PM-Methoden, -Techniken und -Werkzeuge.

Stufe	Zertifikat und Anforderungen
	– Ist verantwortlich für und führt ein größeres Team von Projektmanagement-Personal. – Ist gesamtverantwortlich für alle Projektparameter und alle PM-Bereiche.
A	CPD, Zertifizierter Projekt-Direktor *Shall have the ability to direct all projects of a company or branch or all projects of a programme.* – Kann mindestens fünf Jahre Erfahrung im Management von komplexen Projekten und Programmen nachweisen, davon drei Jahre in verantwortlichen Leitungsfunktionen für die Koordination und das Portfolio-Management von Projekten. – Hat Entscheidungsvollmacht für eine „Projekt-Familie" bzw. Projekt-Portfolio. – Setzt Prioritäten im Projekt-Portfolio für das Management. – Ist verantwortlich für Projekt- und Projektmanagement-Personalentwicklung. – Ist verantwortlich für Projektmanager und deren Coaching. – Ist verantwortlich für Projektmanagement-Einführung, -Einsatz, -Richtlinien, -Methoden und -Werkzeuge.

Tabelle 15: Zertifikate der GPM/IPMA

Das Zertifizierungsprogramm der GPM folgt den internationalen Rahmenvorgaben der IPMA, International Project Management Association. Die dort zusammengeschlossenen nationalen PM-Gesellschaften erkennen die Zertifikate gegenseitig an. Zertifiziert werden die spezifischen Projekterfahrungen, die theoretischen PM-Kenntnisse sowie die sozialen Fähigkeiten des Projektmanagers. Für die Selbstbeurteilung für eine Zertifizierung steht dem Projektmanager der „Projektmanagement-Kanon, Der deutsche Zugang zum *Project Management Body of Knowledge* [Motzel 1998b] zur Verfügung. Eine Liste der bisher durch die GPM zertifizierten Personen[72] findet man in Tabelle 16:

	Zertifizierter Projektmanage-ment-Fachmann (GPM)	Zertifizierter Projektleiter (GPM) (Bis 09/99 „Geprüfter Projektmanager (GPM)")	Zertifizierter Projektmanager (GPM) (bis 09/99 „IPMA Zertifizierter Projektmanager (GPM)")	Zertifizierter internationaler Projektmanager (GPM)	**Anzahl Summe**
1995	./.	0	9	0	**9**
1996	./.	16	18	3	**37**
1997	./.	26	10	0	**36**
1998	./.	20	13	1	**34**
1999	5	4	8	5	**22**
Gesamt	5	66	58	9	**138**

(Quelle: PM-ZERT, 10/1999)

Tabelle 16: Anzahl der zertifizierten Projektmanager in Deutschland

Durch das IPMA-Projektmanager-Zertifikat erfolgt eine internationale Anerkennung der Qualifikation von Projektmanagern im Rahmen des Europäischen Systems zur Zertifizierung von Personen. Die Zertifizierung erfolgt nach den Regularien von PM-ZERT auf der Basis von DIN 69900 ff. (Projektwirtschaft) und DIN EN 45013 (Allgemeine Kriterien für Stellen, die Personal zertifizieren) sowie den Beurteilungskriterien von IPMA und GPM. Für die Personen-Zertifizierung durch PM-ZERT gelten derzeit folgende Schritte:

Schritt ...	für Zertifikat zum ...			
	PMF	PMP	CPM	CPD
1. Selbstassessment und Einreichung der Bewerbungsunterlagen		X	X	X
2. Wissenstest	X	X	X	X
3. Zertifizierungsworkshop		X	X	X
4. Projektstudienarbeit und Literatur-Konspekt			X	X
5. Prüfungsgespräch		X	X	X

Tabelle 17: Schritte für die GPM-Zertifizierung eines Projektmanagers

In den USA wird die Zertifizierung seit 1994 durch das Project Management Institute (PMI) zum „Project Management Professional" (PMP) vorgenommen, mit weltweit bisher über 6.000 Zertifikanten. Das PMI-Zertifikat entspricht in etwa dem IPMA-Zertifikat zwischen den Stufen D und C. Bei dem PMI-Zertifizierungsvorgang wird ebenfalls ein Nachweis bestimmter Projekterfahrung verlangt, ansonsten wird lediglich eine Wissensprüfung im *Multiple Choice*-Verfahren durchgeführt.

7.2.1.2   Nutzen einer Projektmanager-Zertifizierung

Steigender Wettbewerbsdruck und enger werdende Freiheitsgrade im nationalen und internationalen Projektgeschäft fordern in immer stärkerem Maße eine hohe Qualifikation und Leistungsfähigkeit von Personal und Systemen. Die Zertifizierung nach nationalen und internationalen Regelwerken ist ein bedeutendes Instrument im Wettbewerb. War der Trend zur Zertifizierung bis ungefähr Mitte 1999 in Deutschland eher mäßig, ist er gegen Ende des Jahres, nach einem Bericht der GPM-Zertifizierungsstelle PM-ZERT deutlich gestiegen. UNISYS macht beispielsweise eine Zertifizierung für alle Projektmanager im Bereich Information Services zur Pflicht; Telekom plant künftig etwa 2000 Projektmanager zertifizieren zu lassen.
Die GPM[73] sieht in der Zertifizierung der Projektmanager folgenden Nutzen:

Persönlich:

* Unabhängiger Nachweis der Projektmanagement-Kompetenz,
* Reflektion der eigenen Qualifikation,
* Vorteile bei der Karriereplanung,
* Führen eines anerkannten Titels,
* Sicherung eines Wettbewerbsvorteils.

Für das Unternehmen:

* Vergleichbarer Qualitätsstandard und Gütesiegel für Projektmanager,
* Ergänzung zur betrieblichen Personalentwicklung,
* Imageverbesserung durch Projektmanagement-Kompetenz,
* Sicherung eines Wettbewerbsvorteils.

7.2.2 Prämierung herausragender Leistungen im Projektmanagement

Die Deutsche Gesellschaft für Projektmanagement prämiert jährlich in zwei Kategorien herausragende Leistungen im Projektmanagement:

* Ziel des „deutschen projektmanagement award" ist es, professionelles Projektmanagement als Weg zu Spitzenleistungen in Projekten zu fördern und Projekte zu identifizieren, die als Vorbild für exzellentes Projektmanagement geeignet sind. Hierbei werden vor allem Projektteams und ihre erfolgreichen Projekte ausgezeichnet.
* Mit dem „Deutschen Studienpreis Projektmanagement" soll der Hochschulnachwuchs auf dem Gebiet des Projektmanagements gefördert werden. Hierbei werden vor allem Einzelpersonen ausgezeichnet.

Weil die Bewertungskriterien des „deutschen projektmanagement award" bei der Selbstreflexion und Einschätzung des eigenen Projekts helfen, sind sie auch für einen Projektmanager von Interesse, der sich nicht gleich dafür bewerben will. Deshalb werden sie in den folgenden Abschnitten detaillierter erläutert.

7.2.2.1 deutscher projektmanagement award

Der „deutsche projektmanagement award" wurde von der GPM ins Leben gerufen und 1997 erstmalig vergeben.

Ziel des „deutschen projektmanagement award" ist es, professionelles Projektmanagement als Weg zu Spitzenleistungen in Projekten zu fördern und Projekte zu identifizieren, die als Vorbild für exzellentes Projektmanagement geeignet sind.

Ähnlich wie beim etablierten Modell des European Quality Award der European Foundation for Quality Management möchte die GPM durch die Auslobung dieses Preises den Prozess der Selbstbewertung unterstützen. So werden Projektteams motiviert, eigene Stärken und Verbesserungspotentiale zu erkennen und zu nutzen. Bereits die Vorbereitung auf eine Bewerbung konzentriert die Energien eines Projektteams darauf, Spitzenleistungen durch exzellentes Projektmanagement zu erzielen.

Projektteams und Organisationen gelangen durch die konsequente Anwendung des Modells zu einer Selbstbewertung. Sie entdecken, in welchen Bereichen die Projektarbeit verbessert werden kann, und erfahren, was ganzheitliches und erfolgversprechendes Projektmanagement bedeutet. Im Vergleich mit den besten Projektteams ergibt sich eine bisher einzigartige Form des Benchmarking für Projektarbeit. Diese Form des „lernenden Managements" führt langfristig zu besseren Projektergebnissen.[74]

7.2.2.1.1 Das Modell für Project Excellence

Das Modell für Project Excellence ist den Modellen für die Unternehmenspreise (MBNQA, EQA) nachempfunden und basiert generell auf folgenden Ansprüchen, Einsichten und Forderungen.

1. Kundenorientierung
Bei exzellent geführten Unternehmen und Projekten muss der Kunde – mit allen sich daraus ergebenden Konsequenzen – absoluter König sein. Er allein bestimmt, was Qualität ist. Seine Bedürfnisse und Wünsche muss ein Unternehmen vollständig verstehen.

2. Mitarbeiterentwicklung und -beteiligung
Das volle Potenzial von Mitarbeitern kann nur durch eine Kultur des Vertrauens und der Offenheit freigesetzt werden.

3. Partnerschaft mit Lieferanten
Ein auf Vertrauen und Kooperation aufgebautes Kunden-Lieferanten-Verhältnis ist für beide Seiten ein Gewinn.

4. Führung und Zielkonsequenz
Echte Führungskräfte prägen die Kultur der Organisation und lenken die Ressourcen und Anstrengungen hin zu exzellenten Leistungen. Deshalb ist Führungsqualität dringend notwendig.

5. Gesellschaftliche Verantwortung
Jedes exzellente Unternehmen muss begreifen, dass es seine Entscheidungen niemals losgelöst von seiner Umwelt treffen darf. Ethik und Verantwortung spielen eine wichtige Rolle bei allen Entscheidungen.

6. Prozesse und Fakten
Tätigkeiten werden systematisch als Prozesse geführt und unterliegen ständigen Verbesserungsanstrengungen. Als Grundlagen dienen Fakten und eindeutige Messgrößen.

7. Ergebnisorientierung
Um langfristig herausragende Ergebnisse zu erhalten, müssen die Erwartungen und Anforderungen aller Interessengruppen in ein ausgewogenes Verhältnis gebracht werden.

Das Project Excellence Modell gliedert die Bewertungskriterien in zwei Beurteilungsbereiche:
- Projektmanagement (Wie verhält sich das Projekt? Wie wird es geführt?) Dabei ist zu beurteilen, inwieweit das Vorgehen exzellent ist und inwieweit das Vorgehen umgesetzt wird.
- Projektergebnisse (Was leistet das Projekt? Was kommt dabei heraus?) Dabei ist zu beurteilen, inwieweit diese exzellent und umfassend sind.

Bereich Projektmanagement (500 Punkte)
1. Zielorientierung (140 Punkte)
Wie das Projekt seine Ziele aufgrund umfassender Informationen über die Anforderungen seiner Interessengruppen formuliert, entwickelt, überprüft und umsetzt.
Es ist nachzuweisen, wie
1.1 die Interessengruppen (Stakeholder) und deren Erwartungen und Anforderungen identifiziert werden,
1.2 die Projektziele auf der Basis umfassender und relevanter Informationen entwickelt sowie konkurrierende Interessen integriert werden und wie
1.3 die Projektziele vermittelt, realisiert, überprüft und angepasst werden.

2. Führung (80 Punkte)
Wie das Verhalten aller Führungskräfte im Projekt das Ziel der „Project Excellence" inspiriert, unterstützt und promotet.
Es ist nachzuweisen, wie alle Führungskräfte des Projekts
2.1 „Project Excellence" glaubwürdig vorleben, wirksam promoten und aktiv Verbesserungen innerhalb des Projekts fördern und
2.2 sich um Kunden, Lieferanten und andere Organisationen bemühen.

3. Mitarbeiter (70 Punkte)
Wie die Projektmitarbeiter einbezogen und ihre Potenziale erkannt und genutzt werden.
Es ist nachzuweisen, wie
3.1 die Potenziale aller Mitarbeiter erkannt, im Sinne der Projektziele genutzt, aufrechterhalten und weiterentwickelt werden und wie

3.2 alle Mitarbeiter einbezogen, beteiligt und zu selbständigem Handeln autorisiert werden.

4. Ressourcen (70 Punkte)
Wie die vorhandenen Ressourcen wirksam und effizient eingesetzt werden.
Es ist nachzuweisen, wie das Projekt die folgenden Ressourcen plant und steuert:
4.1 Finanzmittel,
4.2 Informationen,
4.3 Lieferanten (Unterauftragnehmer) und deren Lieferungen und Leistungen und
4.4 andere Ressourcen.

5. Prozesse (140 Punkte)
Wie im Projekt wertschöpfende Prozesse identifiziert, überprüft und gegebenenfalls verändert werden.
Es ist nachzuweisen, wie
5.1 die für den Projekterfolg wesentlichen Prozesse systematisch identifiziert, geführt, überprüft sowie angepasst und optimiert werden,
5.2 Projektmanagementmethoden und -systeme effektiv eingeführt, angewandt und verbessert werden und wie
5.3 das Projekt die entstandenen und entstehenden Erfahrungen so aufbereitet und darstellt, dass diese für andere Projekte personenunabhängig nutzbar sind.

Bereich Projektergebnisse (500 Punkte)
6. Kundenzufriedenheit (180 Punkte)
Was das Projekt im Hinblick auf die Erwartungen und die Zufriedenheit seiner Kunden leistet.
6.1 Es ist nachzuweisen, wie die Kunden das Projekt in seinen Leistungen und Ergebnissen direkt beurteilen.
6.2 Es ist anhand über 6.1 hinausgehender Messgrößen die Zufriedenheit der Kunden indirekt nachzuweisen.
6.3 Die Darstellung zu 6.1 und 6.2 sollte differenziert nach den verschiedenen Kundengruppen erfolgen.

7. Mitarbeiterzufriedenheit (80 Punkte)
Was das Projekt im Hinblick auf die Erwartungen und Zufriedenheit seiner Mitarbeiter leistet.
7.1 Es ist nachzuweisen, wie die Mitarbeiter und Führungskräfte das Projekt, die Zusammenarbeit im Projekt sowie die Leistungen und Ergebnisse des Projekts direkt beurteilen.
7.2 Es ist anhand über 7.1 hinausgehender Messgrößen die Zufriedenheit der Projektmitarbeiter indirekt nachzuweisen.

8. Zufriedenheit bei sonstigen Interessengruppen (60 Punkte)
Was das Projekt im Hinblick auf die Erwartungen und Zufriedenheit sonstiger Interessengruppen leistet.
8.1 Es ist nachzuweisen, wie die sonstigen Interessengruppen die Auswirkungen des Projektes direkt wahrnehmen.
8.2 Es ist anhand über 8.1 hinausgehender Messgrößen die Zufriedenheit sonstiger Interessengruppen indirekt nachzuweisen.
8.3 Die Darstellung zu 8.1 und 8.2 sollte differenziert nach den verschiedenen Interessengruppen erfolgen.

9. Zielerreichung (180 Punkte)
Was das Projekt im Hinblick auf das geplante Projektziel leistet.
9.1 Es ist nachzuweisen, inwieweit das Projekt die Ziele erreicht (75 %).
9.2 Es ist anhand über 9.1 hinausgehender Messgrößen die „Performance" des Projekts nachzuweisen (25 %).

7.2.2.1.2 Die Bewertungstabellen
Bereich Projektmanagement
Es wird bewertet, inwieweit das Vorgehen exzellent ist und inwieweit es umgesetzt wird:

1. exzellent ist						Bewertung	2. umgesetzt wird
Fundiertes Vorgehen	Systematik und Prävention	Überprüfung des Vorgehens	Verfeinerung und verbesserte geschäftliche Effektivität	Integration in die normale Projektarbeit und Planung	Vorbild für andere Projekte		
klarer Nachweis	klarer Nachweis	regelmäßig und systematisch	klarer Nachweis	vollkommen	könnte als Vorbild dienen	100 %	beim gesamten Potential
klarer Nachweis	klarer Nachweis	regelmäßig und systematisch	klarer Nachweis	gute Integration	–	75 %	bei etwa Dreiviertel des Potentials
Nachweis	Nachweis	regelmäßig und systematisch	Nachweis	teilweise Integration	–	50 %	bei etwa der Hälfte des Potentials
einige Nachweise	einige Nachweise	gelegentlich	–	–	–	25 %	bei etwa einem Viertel des Potentials
keine Nachweise						0 %	keine oder geringfügige Umsetzung

Tabelle 18: Bewertungstabelle PM-Award, Bereich Projektmanagement

Bereich Projektergebnisse

Es wird bewertet, inwieweit die Ergebnisse in allen Projektteilen (zeitlich, organisatorisch, thematisch) exzellent sind und wie umfassend sie sind:

1. exzellent ist				Bewertung	2. umfassend sind	
Vergleiche mit eigenen Zielen	Vergleiche mit anderen Projekten	Kontinuität	Ergebnisse sind auf das Vorgehen zurückzuführen		Ergebnisse betreffen differenziert das gesamte Projekt	Ergebnisse betreffen das Teilkriterium
ausgezeichnete Vergleiche in allen Bereichen	ausgezeichnete Vergleiche in allen Bereichen	positive Trends oder anhaltend hervorragende Leistungen in allen Bereichen	eindeutig in allen Bereichen	100 %	vollständig	vollständig
günstige Vergleiche in den meisten Bereichen	günstige Vergleiche in vielen Bereichen	positive Trends oder anhaltend hervorragende Leistungen in den meisten Bereichen	die meisten	75 %	die meisten Bereiche	die meisten Bereiche
günstige Vergleiche in vielen Bereichen	günstige Vergleiche in einigen Bereichen	positive Trends oder anhaltend hervorragende Leistungen in vielen Bereichen	viele	50 %	viele Bereiche	viele Bereiche
günstige Vergleiche in einigen Bereichen	einige Vergleiche	–	einige	25 %	einige Bereiche	einige Bereiche
keine Vergleiche	keine Vergleiche	–	keine Verbindung erkennbar	0 %	geringe Relevanz	geringe Relevanz

Tabelle 19: Bewertungstabelle PM-Award, Bereich Projektergebnisse

Sowohl für „exzellent" als auch für „umfassend" kann eine der fünf Stufen von 0 %, 25 %, 50 %, 75 % oder 100 % gemäß Tabelle oder ein Zwischenwert gewählt werden.

7.2.2.2 Bewerbung um den „deutschen projektmanagement award"

Ein Projektteam bewirbt sich um den „deutschen projektmanagement award", indem es schriftlich darlegt, wie es die Kriterien des Modells für Project Excellence erfüllt.

Die Darlegung ist eine Selbstbewertung, bei der das Projektteam seinen eigenen Stand auf dem Weg zu Spitzenleistungen erkennen und dadurch Stärken und Verbesserungspotentiale identifizieren und nutzen kann.

Projektteams können sich für den „deutschen projektmanagement award" bewerben, wenn sie folgende Voraussetzungen erfüllen:

*   Die Trägerorganisation des Projekts muss eine Organisation mit Sitz in Deutschland sein.
*   Das Projekt muss von mindestens drei Mitarbeitern bearbeitet werden.
*   An dem Projekt müssen mindestens drei voneinander unabhängige Organisationseinheiten beteiligt sein.
*   Die Projektlaufzeit muss zum Zeitpunkt der Abgabe der Bewerbung mindestens sechs Monate betragen haben.
*   Zum Zeitpunkt der Bewerbung muss der entstandene Zeitaufwand mindestens 100 Mitarbeitertage betragen.
*   Das Projekt muss entweder abgeschlossen sein, wobei der Projektabschluss zum Zeitpunkt der Bewerbung nicht länger als zwölf Monate zurückliegen darf oder es müssen zum Zeitpunkt der Bewerbung mindestens drei definierte Projektphasen abgeschlossen sein.
*   Das Projekt muss die Definitionskriterien der DIN 69901 erfüllen: *„Projekt: Vorhaben, das im wesentlichen durch Einmaligkeit der Bedingungen in ihrer Gesamtheit gekennzeichnet ist, wie z. B. Zielvorgabe, zeitliche, finanzielle, personelle oder andere Begrenzungen, Abgrenzung gegenüber anderen Vorhaben, projektspezifische Organisation."*
*   Das Projekt muss für eine Veröffentlichung zugelassen sein.

Pro Unternehmen, Organisation oder selbständiger Organisationseinheit sind maximal zwei Bewerbungen möglich. Unabhängig davon, ob ein Projektteam unter den Preisträgern ist oder nicht, erhält es einen Feedback-Bericht des jeweiligen Assessoren-Teams über die Bewertung.

Projektteams, die in die Endauswahl kommen (Finalisten), erhalten einen ein- bis zweitägigen Vor-Ort-Besuch durch die Assessoren, die die Bewertung des entsprechenden Projekts durchgeführt haben. Ziel des Vor-Ort-Besuchs ist es, die Bewertung zu ergänzen und Fragen der Assessoren zu klären. Danach wird das Projekt abschließend beurteilt.

Der Bewertungsprozess wird durch eine Jury begleitet, die aus Vertretern des öffentlichen Sektors und aus Unternehmensvertretern besteht. Die Mitglieder der Jury vertreten Organisationen, in denen Projektmanagement praktiziert wird. Die Jury erhält die Bewertungen der Projekte und entscheidet, welche Projektteams einen Vor-Ort-Besuch erhalten. Die Jury legt aufgrund der abschließenden Bewertung auch fest, welche Projektteams Preisträger werden und welches Projektteam den „deutschen projektmanagement award" erhält.

7.2.2.3 Deutscher Studienpreis Projektmanagement

Die GPM verleiht außerdem jährlich den Deutschen Studienpreis Projektmanagement zur Förderung des Hochschulnachwuchses. Mit dem Preis werden wissenschaftliche Arbeiten mit zukunftsweisenden Ideen oder originellen Lösungen zu Teilbereichen des Projektmanagements ausgezeichnet. Die prämierten Arbeiten sollen einen aktuellen Beitrag zur Weiterentwicklung der Disziplin leisten und den Wissensstand erhöhen. Pro Jahr werden maximal drei Arbeiten prämiert.

Der Studienpreis ist mit einem Betrag von DM 1.000 dotiert und wird durch eine Urkunde der GPM ausgezeichnet. Die GPM beabsichtigt, die prämierten Arbeiten (ggf. auszugsweise) der Öffentlichkeit zugänglich zu machen.

Die Kandidaten können sich selbst bewerben oder durch GPM-Mitglieder und Universitäten oder Hochschulen vorgeschlagen werden. Die eingereichten Arbeiten werden vom Kuratorium der GPM beurteilt. Die Preisverleihung findet im Rahmen des Deutschen Projektmanagement Forums statt.

8 Projektmanagementsoftware

Es genügt nicht, zum Fluss zu kommen
mit dem Wunsche, Fische zu fangen.
Man muss auch das Netz mitbringen.

Chinesisches Sprichwort

In diesem Kapitel werden, nach einem kurzen Rückblick auf die allgemeine Entwicklung der Standardsoftware, Anforderungen und Angebot an Projektmanagementsoftware beschrieben. Im letzten Abschnitt werden einige praktische Hinweise für die Software-Einsatzplanung diskutiert.

8.1 Entwicklungssprünge bei Anwendersoftware

Die Entwicklung der Informationstechnologie läuft in der Regel asynchron zur Entwicklung der Einsatzmethodologie und damit auch asynchron zu den Erwartungen und den Ansprüchen der Anwender (siehe Abbildung 29).

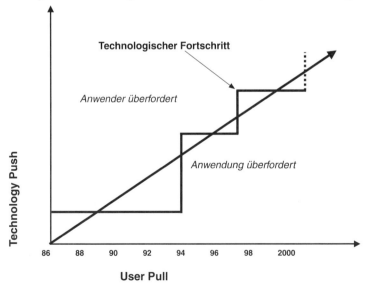

Abbildung 29: Entwicklungssprünge bei der Anwendersoftware

Gute Beispiele dafür sind die Entwicklung der Textverarbeitungssoftware
und der elektronischen Post.

Anfang 1980, zu Beginn der „Revolution Büroautomation", haben hochdo-
tierte Führungskräfte in teuer bezahlten Konferenzen stundenlang darüber
diskutiert, ob die Textverarbeitung auch in jedem Sekretariat zur Verfügung
stehen soll. Zur Erinnerung für jüngere Leser: Noch 1980 gab es in vielen Unternehmen die so genannten Schreibbüros, in denen Schreibarbeiten im Auftrag zentral erledigt wurden. Heute gehört der Einsatz von Textverarbeitung
zum Alltag.

Über die Anwendungsjahre hinweg durchlief die Funktionalität der Textverarbeitung eine durch die Anwenderwünsche gesteuerte Evolution. Heute
deckt ihre Funktionalität weitgehend alle denkbaren Einsatzgebiete und -be-
reiche ab, ohne große Unterschiede zwischen den verschiedenen Herstellern.
Ähnliche Diskussionen fanden zum Thema elektronische Post statt. Als Hewlett-Packard Anfang 1980 ein unternehmensweites, damals noch proprietä-
res E-Mail-System einführte, wurde dessen Wirtschaftlichkeit und Daseinsberechtigung in unzähligen Foren diskutiert. Mit dem Einzug des Internets
relativierten sich manche Betrachtungen.

Ähnliche Wege ging jede Standardsoftware, auch die Projektmanagementsoftware.

8.2   Von Projektmanagementsoftware zur Software
für das Projektmanagement

> *A Fool with a Tool is still a Fool.*
> *Anonymus*

Die erste, ab den fünfziger Jahren eingesetzte Software für Projektmanagement war eine reine Rechensoftware für Netzplanberechnungen. Die damit
produzierten unübersichtlichen Terminlisten auf Endlospapier akzeptierten
nur die Projektleiter in großen Hoch- und Tiefbau- oder Luftfahrtprojekten.
Ende der achtziger Jahre und Anfang 1990 erlebte das Thema Projektmanagement, motiviert durch die merkbar nachlassende Konjunktur, ein Popula-
ritätshoch. Der projektorientierte Ansatz war plötzlich auch für kleinere Projekte gefragt. Gepaart mit dem rasanten Aufschwung der PC-Technologie in
dieser Zeit führte dies zu einer bereits aus der Zeit der ersten „Office Auto-
mation" in den achtziger Jahren bekannten Reaktion. Die Suche nach Lösungen wurde auch hier weitgehend auf die Suche nach Software-Tools reduziert. Wiederum füllten sich die Fachforen und Konferenzsäle bei den Präsentationen von immer neuen Projektplanungsanwendungen. Mit dem stei-
genden Angebot an Softwarefunktionalität wuchsen auch die Wünsche der

Anwender. Sie waren bereit, für eine PC-Anwenderlizenz professioneller Planungssoftware Tausende von Mark zu bezahlen. Die Planungssoftware wurde immer umfangreicher und immer bunter, die Qualität der Präsentation der Projektergebnisse perfekter. Nur die Projekterfolge hielten damit nicht Schritt und ließen sich auch durch die aufwendigste Planungssoftware nicht garantieren.

In der Zwischenzeit hat sich der Markt etwas beruhigt und bereinigt. Die Preise der Software erreichten einen Tiefstand. Lizenzen, beispielsweise von MS-Project, stehen heute fast in jedem Regal gleich neben dem Telefonbuch, beide leicht verstaubt. Trotzdem bleibt das Thema „Projektmanagementsoftware" aktuell.[75]

Eines haben die Projektmanager in der Zwischenzeit sicher gelernt: Der Einsatz von qualitativ hochwertiger Projektmanagementsoftware generiert nicht automatisch qualitativ hochwertige Projektplanung.

Welche Software braucht nun der Projektmanager heute?

Nach wie vor braucht er eine gute Planungssoftware.[76] Mit den Anforderungen an schnelle Verfügbarkeit und entsprechende Qualität der Information in Projekten erweitert sich jedoch die Forderung an die Funktionalität der reinen „Projektmanagement"-Software, die gleichzusetzen ist mit Projektplanung und -steuerung. Sie wird erweitert um die Forderung nach Software für die Unterstützung der Projektmanagementprozesse im Team.

Hierzu gehören Anwendungen wie Multimedia Document Management, Group Conferencing, Calendaring und Scheduling, E-Mail und Messaging, Groupware, Knowledge Base und andere.

Dabei sind Kommunikationsmöglichkeiten via Internet/Intranet nicht mehr wegzudenken.

8.3 Projektplanung und -steuerung oder Projektverwaltung?

In diesem Abschnitt konzentrieren wir uns nur auf die so genannte „klassische Projektmanagementsoftware".

Unter dem Begriff „Projektmanagementsoftware" verbergen sich heute noch bei den Anbietern und auch bei den Anwendern teilweise gänzlich unterschiedliche Vorstellungen und Erwartungen bezüglich der Funktionalität der Software. Diese Erwartungen werden seitens des Anwenders verständlicherweise von seiner Einsatzart geprägt. Für den Einsatz der Projektmanagement-Planungssoftware ist es deshalb wesentlich, zu definieren, wo deren primäre Ausrichtung liegen soll.

Oft werden an die Projektmanagementsoftware aus einem falschen Verständnis der Methodik des Projektmanagements heraus Anforderungen gestellt, die eher typisch für die klassische Personalplanung, Auftrags- oder Produktionssteuerung oder Buchhaltung sind. Hierfür eignet sich in der Regel besser die dafür entwickelte Anwendungssoftware.

Aber auch bei den echten Projektplanern findet man zwei sehr unterschiedliche Anwendungsstandpunkte: Verwaltung der Projekte versus deren Steuerung.

Bei dem verwaltungsorientierten Einsatz wird vor allem Wert auf genaue Führung und Abrechnung der Leistungen gelegt, meistens unter Berücksichtigung von verwaltungsbedingten Einschränkungen, speziell im Ressourceneinsatz.

Dabei ist beispielsweise insbesondere die automatische Limitüberwachungsfunktion für den Ressourceneinsatz mit großer Vorsicht einzusetzen, da sie in der heutigen Standardsoftware nur quantitative und keine qualitativen Parameter erkennt und dadurch oft für die Praxis ungeeignete Entscheidungen herbeiführen kann.

Beispiel:
Ein Berater hat die Kapazität, täglich acht Stunden eingesetzt werden zu können. Bei gemeinsamer Ressourcennutzung in mehreren Teilprojekten meldet die Limitüberwachungsfunktion in den meisten Projektplanungs-Tools nicht, wenn die Teilprojektleiter diesen Berater in vier räumlich weit entfernten Projektstellen für jeweils zwei Stunden täglich einplanen (also zum Beispiel jeweils in den Teilprojektbüros in Berlin, München, Frankfurt und Dortmund).

Ein verwaltungsorientiertes Projektmanagement ist mehr bei den administrativen Sachbearbeiter-Aufgaben im Unternehmen anzusiedeln.

Bei steuerungsorientiertem Einsatz werden vor allem Engpässe und Konflikte in Terminen und im Ressourceneinsatz mehrerer Teilprojekte identifiziert und mit Hilfe von „Was wäre wenn …"-Simulation untersucht und für die Entscheidungsfindung ausgewertet. In diesem Sinne gehört das Projektmanagement zu den strategischen Managementaufgaben.

Heute in der Welt von Internet und Intranet sind Funktionen für verteiltes Projektmanagement mit E-Mail-Funktionalität Bestandteil der Projektplanungssoftware. Diese Funktionen ermöglichen bei Projektgruppen zentrale Vorgaben und Projektsteuerung, Verteilung der Teilprojekte oder Projektaktivitäten im Projektteam und dezentrale Verfolgung der Projektausführung sowie Verknüpfung zur persönlichen Terminplanung. Für den Einsatz dieser Funktionen reicht aber die intuitive Benutzeroberfläche der Anwendung bei weitem nicht aus, obwohl die Hersteller dies in den Funktionsbeschreibungen suggerieren. Die Nutzung dieser Funktionalität erfordert umfangreiche planerische, organisatorische und personelle Maßnahmen. Über die Effizienz des Softwareeinsatzes entscheidet nicht der Stand der Technologie, sondern die Qualität des Managements dieses Einsatzes.

8.4 Software-Einsatzplanung

Die beste Standard-Projektmanagementsoftware ist nicht in der Lage, allen heutigen Anforderungen eines Projekts und dessen Projektteams alleine gerecht zu werden. Für komplexe Projekte empfiehlt es sich, im Rahmen der Setup-Phase genügend Zeit und Sorgfalt auch auf die Planung der unterstützenden Software und deren Einsatzmöglichkeiten zu verwenden.

In der Regel werden im IT-Projektteam Software-Tools für folgende Anwendungsbereiche benötigt:

Projektmanagementbezogene Tools:
* Projektplanung und -Steuerung,
* Kommunikation/E-Mail, verteilte Teamarbeit, plattformunabhängiger Dokumentenaustausch,
* Präsentation,
* Dokumentation,
* Textverarbeitung,
* Besprechungsmanagement und Aufgabenverfolgung,
* Projektbuchhaltung,
* Methodenunterstützung (QM, FMEA u. a.),
* Projekt-Informationssystem/Qualitätssystem,
* Wissensmanagement.

Fachbezogene Tools:
* Designer- und Programmierer-Tools,
* Datenbanken
* und viele andere in der Abhängigkeit vom Projekt.

Die Effizienz des Softwareeinsatzes im Projekt wird direkt beeinflusst vom Grad der Einheitlichkeit der Softwareanwendungen im Team.

Bevorzugt sind diejenigen Projektmitglieder, die auf ein gut funktionierendes Projektbüro zurückgreifen können (wie in Abschnitt 5.3 beschrieben). Die Mitarbeiter des Projektbüros können alle Fragen zur Anwendung und Funktionalität bedarfsgerecht beantworten und bieten dem Projektmanager und seinem Team ein geprüftes Portfolio an Anwendungen inklusive Anwenderschulung und Unterstützung.

Alle Projektmanager, die diesen paradiesischen Zustand noch nicht genießen, sollten sich Gedanken zu folgenden Themen machen.

* Welche Softwareanwendungen werden zusätzlich zu der obligatorischen Projektplanungssoftware verwendet?
  Mit dem Einzug von MS-Office in die meisten Unternehmen scheint die Frage bereits beantwortet zu sein. Leider trifft das aber nicht immer zu: Denn welche Softwarean-

wendungen verwenden die Unix-Benutzer? Ist sichergestellt, dass MS-Office- und Unix-Benutzer Dokumente austauschen können? Hierbei helfen neben organisatorischen Maßnahmen auch die rechtzeitig besorgten Lizenzen für die Erstellung eines portablen Dokumentenformats.[77]

- Haben alle Teammitglieder genügend Lizenzen der gleichen Version?
  Die Praxis in internationalen Projektteams zeigt die Grenzen der nationalen Kompatibilität der einzelnen Standardprodukte. Es ist beispielsweise nicht ohne weiteres möglich, professionell gestaltete MS-Word-Dokumente, die einen großen Teil der angebotenen Funktionalität tatsächlich nutzen, problemlos und fehlerfrei zwischen den einzelnen Sprachversionen auszutauschen. Aus diesem Grund setzen einige Unternehmen intern weltweit einheitlich die amerikanische Software ein.

- Sind sich alle Teammitglieder darüber im Klaren, dass die Anwendung der ausgewählten Software obligatorisch ist?
  Es ist sehr ärgerlich und ziemlich überflüssig, wenn kurz vor der Abgabe eines Konzepts an den Kunden eine fachlich falsche Grafik nicht korrigiert werden kann und völlig neu gezeichnet werden muss, nur weil ein kreativer Projektkollege, der aber gerade jetzt nicht da ist, sie mit seiner Lieblings-Grafikanwendung erstellt hat.

- Sind alle Teammitglieder in der funktionellen Anwendung der Software geschult oder erhalten entsprechenden Support?
  Es ist nicht nur bedauerlich, sondern auch höchst unwirtschaftlich, wenn teure Fachkräfte/Projektmanager schweißgebadet noch kurz vor der Lenkungsausschuss-Sitzung versuchen, in ihre PowerPoint Präsentation noch eine Tabelle mit den letzten Projektdaten aus MS-Project oder den letzten Kennzahlen aus MS-Excel einzubauen. Zugegeben, gegen Ende des Projekts können sie es dann. Nur ist dann vielleicht die nächste Softwareversion fällig ... An dieser Stelle sollte man nochmals den Einsatz eines lokalen Projektbüros überdenken.

- Ist der Einsatz des Projektplanungs-Tools im Prozess der Projektplanung und -steuerung geklärt?
  - Werden die Teilprojekte von den Teilprojektleitern erstellt?
  - Wer integriert die einzelnen Teilprojektpläne in einen Gesamtplan? Wie und wann?
  - Wer aktualisiert die Projektpläne? Wie und wann?

- Sind prozessorientierte und organisatorische Maßnahmen zur Nutzung der Software im Team definiert, dokumentiert und realisiert?
  Zu diesem Thema alleine könnte ein Fachbuch geschrieben werden. Als Beispiel soll die typische Anwendung von E-Mail aufgegriffen werden:
  Wer kennt die Situation nicht: Man kommt ins Büro, schaltet sein E-Mail-System ein und wird mit der Menge der inzwischen eingegangenen Nachrichten überschüttet. Die meisten Nachrichten stehen auf „Dringend" und „Sofort zu beantworten", unabhän-

gig davon, ob es sich um eine Sammlung für das Geburtstagsgeschenk eines Kollegen, eine Mitteilung des Betriebsrats oder eine beliebige Projektkatastrophe handelt ... Aber wo ist die E-Mail mit dem letzten Besprechungsprotokoll?

Folgende im Projektteam vereinbarte und gelebte Regeln tragen dazu bei, Zeit und Frust zu sparen: Für alle E-Mails im Projekt werden verbindliche „Codes" im „Betreff" der Nachricht vereinbart. Das Einfachste wäre zum Beispiel der Projektname. Danach kann und soll jedes Teammitglied seinen E-Mail-Client so einstellen, dass die eingegangenen E-Mails nach diesem Betreff sortiert und automatisch in einen entsprechenden Projektordner gestellt werden.

Zur Erinnerung: Die Vereinbarung solcher Regeln sollte im Rahmen eines Kommunikationskonzepts vorgenommen werden, dessen Beschreibung ins Projekthandbuch gehört.

Wenn diese Fragen nicht vor dem Projektanfang oder zeitnah dazu gelöst sind, entstehen mit Sicherheit Reibungsverluste, Terminverzögerungen, Qualitätsverluste, zusätzlicher Aufwand und Frust im gesamten Projektverlauf.

> Es sind nicht die Berge, die einen Läufer stören – um die Berge läuft er herum. Es sind die Kieselsteine, an denen er ausrutscht und stolpert.

Nur der Projektmanager, der alle diese Fragen mit gutem Gewissen mit „JA" beantwortet, kann die in seinem Team so gesparte Zeit der eigentlichen Projektarbeit widmen. Aufgabe des Qualitätsmanagers ist es, die Erfahrungen aus der Nutzung der Software-Tools im Team zu sichern und in die nächsten Projekte einzubringen.

9 Anhang: FAQ

Wer fragt, ist fünf Minuten der Dumme.
Wer nicht fragt, bleibt es das ganze Leben.

Inschrift im Rechenzentrum der
Universität Karlsruhe, 1975

Dieses Kapitel fasst einige der Fragen und Antworten zusammen, die häufig bei unterschiedlichen Anlässen wie Workshops, Seminaren, Fachgesprächen und Projektmanagement-Stammtischen zu den im vorliegenden Buch besprochenen Themen gestellt werden. Die aufgeführten Antworten spiegeln zwar die Erfahrungen aus vielen Jahren Praxis in IT-Projekten wider. Sie müssen jedoch nach einer kritischen Bewertung auf die aktuelle eigene Situation projiziert werden und als Anregung zu weiterem Nachfragen, Nachdenken und Diskutieren in Fachkreisen verstanden werden.

Die Fragen (*Frequently asked questions*, FAQ) sind nach alphabetisch aufgeführten Themen gruppiert und fortlaufend durchnummeriert.

9.1 Ergebnisorientiertes Besprechungsmanagement

1. **Ich habe bereits Erfahrung mit ergebnisorientierter Protokollierung. Wir verwendeten zusätzlich noch das Ergebnis „Information". Im vorgestellten Konzept fehlt es, warum?**
Im vorgestellten Konzept gibt es nur vier Ergebnisarten:

    A *für Aufgabe (auch Auftrag oder Aktion benannt),*
    S *für Status (auch Feststellung benannt),*
    B *für Beschluss und*
    T *für einen Termin für eine weitere Besprechung in der gleichen Klasse.*

Wichtig sind die Aufgaben und Beschlüsse, weil sie für den Projektablauf einen Mehrwert schaffen. Die Erledigung der Aufgaben muss verfolgt werden, die Historie ihrer Lösung wird festgehalten. Die gemeinsam gefassten Beschlüsse sind für das Projekt richtungsweisend.

Die vereinbarten Termine gleichen einer „Aufgabe", können jedoch aus einer Datenbasis nach dem Kürzel „T" ausgefiltert und zur weiteren Bearbeitung

delegiert (zum Beispiel für die Raumreservierung) oder in die eigene Terminplanung eingefügt werden.

Feststellungen und Statusinformationen haben im ergebnisorientierten Protokoll eigentlich keinen hohen Stellenwert. Statusberichte sollten bereits zei-
tig *vor* der Besprechung den Teilnehmern verfügbar und bekannt sein. Ein
„S"-Ergebnis sollte allerdings jedes Protokoll haben: Die konkreten Inhalte
(Agenda) und Ziele der jeweiligen Besprechung als ersten Eintrag im Protokoll.

Eine zusätzliche Ergebnisklasse „Information" bringt in der Regel keinen zusätzlichen Mehrwert für den Projektablauf (Status ist ja auch Information);
meistens wirft sie im Teilnehmerkreis unproduktive Abstimmungsdiskussio-
nen in der Art auf: *„… ist es nun Status oder Information?"*

**2. Warum werden die Aufgaben nicht auch mit einer Priorität versehen (z. B.
niedrig, mittel, hoch)?**

Dieser Ansatz wurde in der Praxis ausprobiert und verworfen. Die Teilnehmer verschwendeten in der Regel zu viel Zeit auf die Diskussion der Prioritäten; diese Zeit fehlte dann bei der Diskussion der Inhalte. Außerdem kann
eine Aufgabe, die auf der Projektebene eine niedrige Priorität hat, auf der Teil-
projektebene mit einer sehr hohen Priorität gehandelt werden. Es hat sich bewährt, es den Verantwortlichen zu überlassen, die Prioritäten termingerecht
zu regeln.

3. Mit welchem Tool kann man die Ergebnislisten am besten verwalten?

Eine kommerzielle Anwendung für Besprechungsmanagement, wie es hier
vorgestellt wurde, gibt es nach dem Kenntnisstand der Autorin zur Zeit nicht
auf dem Markt.

Im Prinzip kann eine kleine Ergebnisliste mit jedem Tool, das im weiteren Sinne eine Möglichkeit zum Sortieren, Filtern und formatierten Drucken bietet,
verwaltet werden. Für geschlossene Gruppen mit homogener Plattform von
MS-Office kann zum Beispiel eine praktikable Lösung auch auf der Basis von
MS-Outlook realisiert werden.

In komplexen und großen Projekten würde sich eine Realisierung auf einer
Datenbank-Basis mit Internet-User-Interface anbieten.

Unternehmen wie Siemens oder DaimlerChrysler entwickelten hierfür eigene
Anwendungen. Die Informatik-Beratung Bartsch-Beuerlein hat für ihre Kun-
denprojekte ebenfalls im Laufe der Jahre eine Anwendung entwickelt, die genau die vorgestellten Konzepte und Methoden des ergebnisorientierten Besprechungsmanagements berücksichtigt. Diese Anwendung, *MeetingPro*, zur
Zeit auf MS-Access-Basis, wird als Edel-Shareware den Projektmanagern zur
Verfügung gestellt. Die Weiterentwicklung von *MeetingPro*, die aus verschiedenen Projekten einfließt und meist von den Projektträgern vorgenommen
wird, steht in einem „gemeinsamen Topf" allen interessierten Anwendern zur
Verfügung.

9.2   Projektbüro

1. Welche Ausbildung sollten die Mitarbeiter im Projektbüro haben?
Die Qualifikation ist natürlich von der Stelle abhängig. Zu den Aufgaben des Projektbüros gehören auch der Know-how-Transfer in das Projektteam und seine Unterstützung. Somit können alle Mitarbeiter des Projektbüros als Multiplikatoren für Qualitätsmaßnahmen gesehen werden. Deshalb sollte grundsätzlich für alle Stellen eine professionelle Ausbildung sichergestellt werden: Hochschul- oder Fachhochschulabschluss in Wirtschaftsinformatik oder BWL, entsprechende praktische Kenntnisse mit IT-Tools, Projektmanagement-Ausbildung, Zertifizierung.

2. Welche Stellen müssen oder sollten im Projektbüro besetzt sein?
Das hängt davon ab, ob das Projektbüro nur temporär aktiv ist, gegründet für ein bestimmtes Projekt, oder ob es ein Teil einer bestehenden Institution ist, wie es vor allem in amerikanischen projektorientierten Organisationen zunehmend praktiziert wird.
Für temporäre Projektbüros muss zumindest die Stelle eines Projektsekretariats besetzt sein, wünschenswert ist eine Projektassistenz.
Fällt im Projekt viel Dokumentation an oder ist intensives Projektmarketing vorgesehen (Konzepte, Beschreibungen, Benutzerhandbücher, Projekt-News u. a.), ist zusätzlich die Stelle eines technischen Redakteurs zu besetzen.
Hat das Projekt eine eigene IT-Infrastruktur, muss diese ein Systembetreuer (meistens in Teilzeit) pflegen.
Ansonsten arbeiten hier, je nach Projektgröße, nach Ausbaustufe des Projektbüros und seinem „Lebenszyklus", Vollzeit- oder Teilzeit-Inhaber anderer Stabsfunktionen, wie Projektanwalt für das Vertragsmanagement, Marketing- oder PR-Fachmann für Projektmarketing und -Öffentlichkeitsarbeit, Knowledge-Manager und nicht zuletzt der Qualitätsmanager.
Projektbüros, die als langfristige feste Institution aufgebaut werden, beinhalten einen Pool von professionellen Projektmanagern, die auch als Projekt-Coaches an die laufenden Projekte „ausgeliehen" werden können. Diese Konzeption wird beispielsweise mit großem Erfolg bei UNISYS praktiziert.

3. Welche Aufgaben sollte eine Projektassistenz durchführen, was muss sie dafür können und wissen und wie findet man sie auf dem Stellenmarkt?
Die Rolle und die Aufgaben einer Projektassistenz (männlich/weiblich) variieren in Abhängigkeit von der Ausbaustufe des Projektbüros. Nachfolgend werden die ersten zwei Ausbaustufen beschrieben, Projektsekretariat und Projektassistenz, die beide oft synonym „Projektassistenz" genannt werden:

Projektsekretariat:
- Kommunikationszentrale in der Projektgruppe:
  - Strukturierung und Pflege der elektronischen Ablage,
  - Einführung und Unterstützung der Informations- und Kommunikationsflüsse im Team,
  - Dokumentation der eingeführten Regeln für Gruppenarbeit sowie für Verteilung und Verwaltung der Informationen im Team,
  - Unterstützung der Teammitglieder und Know-how-Transfer bei der Arbeitsplatzorganisation für Gruppenarbeit,
  - Erstellung und Aktualisierung der Team-Organigramme,
  - Erstellung, Pflege von Dokumentvorlagen und Einführung der Regeln für die schriftliche Kommunikation,
  - Erstellung von Präsentationen nach den inhaltlichen Vorgaben der Projektleitung,
  - Aktualisierung und Pflege der Web-Präsenz des Projekts.
- Besprechungsmanagement:
  - Erfassung der Besprechungsprotokolle,
  - selbständige Verfolgung der vergebenen Arbeitsaufträge/Aufgaben,
  - Vorbereitung der offenen Aufgaben für Besprechungen für die Projektleitung.
- Projektadministration und andere verwaltungsorientierte unterstützende Aufgaben.

Projektassistenz:
wie Projektsekretariat, zusätzlich:
- selbständige Definition und Einführung der Kommunikationsregeln,
- selbständige Verfolgung und Aktualisierung der Projektterminpläne,
- selbständige Verfolgung und Aktualisierung des Projektbudgets,
- Unterstützung des Projektleiters bei allen relevanten Projektmanagementaufgaben nach Bedarf, insbesondere bei der Projektadministration, beim Berichtswesen und bei der Beschaffung,
- Qualitätsmanagement: Koordination der verabschiedeten Qualitätsmaßnahmen,
- Führung eines Projektsekretariats (Fach-/Personalverantwortung).

Erforderliche Fähigkeiten
Eine Projektassistenz (männlich/weiblich) besitzt folgende Fähigkeiten:

Schulbildung und Ausbildung:
Für Projektsekretariat: Ausbildung mit IT-Hintergrund (Fachhochschule, Büro-Kaufmann, Berufsakademie).
Für Projektassistenz: Absolvent einer Fachhochschule oder Universität mit IT-Hintergrund oder IT-Praxis; Ausbildung zum Geprüften Projektmanager (siehe Zertifizierung).

Soziale Fähigkeiten:
- kommunikationsfreundlich,
- verbindlich,
- selbständig,
- proaktiv,
- strukturiert,
- lernfähig und offen für neue Inhalte,
- kann gut telefonieren,
- kann Sachverhalte präzise formulieren.

Fachspezifische Fähigkeiten (in Abhängigkeit von den im Projektumfeld benutzten Standardanwendungen):
- sehr gute Kenntnisse und Praxis in allen MS-Office Anwendungen[78] (inkl. Formulare und Vorlagen),
- sehr gute Kenntnisse und Praxis in E-Mail-Anwendung mit Outlook und Exchange,
- gutes Verständnis von Windows, Arbeit im Netzwerk und File-Management (Pflege der elektronischen Ablage),
- gute Kenntnisse für die Intranet-Präsentation des Projekts (z. B. Frontpage).

Karrierepfad
Für Projektsekretariat: nach einer Einarbeitung von etwa einem halben Jahr und entsprechender Vorbildung, Ausbildung und Weiterbildung zur Projektassistenz.

Für Projektassistenz: nach Einarbeitung von ungefähr einem Jahr und entsprechender Veranlagung und Weiterbildung
>> Leitung eines Projektbüros mit Personalverantwortung oder
>> Teilprojektleitung oder
>> Assistenz des Qualitätsmanagements im Projekt.

Eine ausgebildete Projektassistenz in der Stufe „Projektsekretariat" gibt es in dieser Bezeichnung nicht auf dem deutschen Stellenmarkt. Es hat sich jedoch bewährt, von einer guten Zeitarbeitsagentur eine Arbeitskraft mit den oben beschriebenen Fähigkeiten anzufordern. Die meisten der ausgeliehenen Zeitarbeitskräfte wurden nach der Einarbeitungszeit sehr gerne in das Unternehmen des Auftraggebers oder Auftragnehmers übernommen.
Auch ausgebildete oder geprüfte Projektmanager, die als Einstieg in ihre Projektkarriere eine Projektassistenz-Stelle übernehmen, sind auf dem Stellenmarkt rar. Es lohnt sich deshalb, einen motivierten Mitarbeiter langfristig zu binden und auszubilden.

9.3   Projektplanung

1. Kann die Meilensteinbeschreibung nicht in das Notizen-Feld der Vorgänge eingetragen werden?

Kann es schon. Meistens muss (möchte, sollte …) man jedoch diese Beschreibungen mit dem Auftraggeber und mit den Schnittstellenprojekten abstimmen. Wenn man nicht ein gemeinsam benutztes integriertes Projektmanagement-System verwendet (was meistens in den Projekten unter Szenario 2 und 3 nicht der Fall ist), muss man diese Beschreibung schriftlich zirkulieren lassen. Denn nicht jeder in der Abstimmungskette kann oder soll mit Ihrem PM-Tool umgehen. Die meisten PM-Tools sind aber nicht in der Lage, das „Notizenfeld" auch ansprechend formatiert auszudrucken (auch nicht MS-Project). Bewährt hat sich, für diese Beschreibung ein zusätzliches Dokument im Textformat anzulegen.

2. Finden Sie es realistisch, die Phasenübergänge im Projekt durch die Abnahme-Meilensteine so scharf zu gestalten?

Es bleibt jedem Projektmanager überlassen, ob er es für sinnvoll hält, beispielsweise mit der Realisierung anzufangen, obwohl die Design-Phase noch nicht abgeschlossen ist. Dazu können ihn Personal-Zwänge oder die Ausbildung des Teams veranlassen. Jeder Projektmanager, der bereits Software-Entwicklungsprojekte durchgeführt hat, weiß, dass ein Programmierer in seiner Begeisterung oft ohne Rücksicht auf wirtschaftliche Belange programmiert und kein Ende findet, wenn man ihn lässt.

Die präzise Definition und Spezifikation der Abnahme- beziehungsweise Übergabe-Meilensteine als Schnittstelle zwischen zwei Projektphasen oder Projektschritten bedeutet nicht, dass das Team tatenlos warten muss, bis die vorangehende Phase völlig abgeschlossen ist. Dies motiviert vielmehr, genau zu bedenken und abzustimmen, unter welchen Bedingungen das Restrisiko, die neue Phase auf der Basis der vorhandenen Ergebnisse anzufangen, vertretbar ist.

9.4   Qualitätsmanager und Qualitätsmanagement im IT-Projekt

1. Braucht man zusätzlich zum Projektmanager einen Qualitätsmanager im Projekt?

Die Antwort ist die Gleiche wie die Antwort auf die Frage: *„Braucht man in einem Unternehmen zusätzlich zum Unternehmer einen Qualitätsmanager?"* Man „braucht" ihn nicht, aber manche Unternehmen können und wollen ihn nicht mehr entbehren. Letztendlich entscheidet diese Frage der Markt und der Kunde.

2. Wie kann ich unser Management und unsere Projektleiter überzeugen, Qualitätsmanager im Projekt einzusetzen?

Wenn Sie beide Gruppen überzeugen müssen, haben Sie gemeinsam ein Problem. Qualitätsbewusstsein muss durch das Management gepflegt und unterstützt werden. Eigentlich sollte das Management Sie überzeugen. Ihre Projektleiter überzeugen Sie am effektivsten dadurch, dass Sie ihnen Qualitätsmanagement als Coaching und Unterstützung, also als Dienstleistung und nicht als Kontrolle und Überprüfung bieten! Am einfachsten haben Sie es, wenn Sie bereits erfolgreich Einsätze vorweisen können. Dann kommen die Projektleiter aktiv auf Sie zu und verlangen nach einem Qualitätsmanager.

3. Unser Kunde ist nicht bereit, für einen Qualitätsmanager zusätzliches Budget freizumachen. Wie überzeugen wir ihn?

Schwer, wenn Sie bisher keine erfolgreichen Referenzen mit diesem Ansatz vorweisen können. Bedenken Sie aber, dass bei den heute austauschbaren offenen Systemen und der gleichzeitigen Inflation der Softwarepreise mittel- und langfristig hauptsächlich die Qualität der Dienstleistung Projektmanagement den wichtigsten Unterschied unter IT-Projekten ausmachen wird. Wie teuer beispielsweise das Übersehen der Fehler in der Design-Phase ist, die sich dann durch aufwendige Code-Änderungen rächen, ist aus Software-Engineering-Publikationen (und meist auch aus eigener Erfahrung) bekannt. Ähnlich rächen sich Versäumnisse bei der Qualitätsplanung der Projektmanagement-Prozesse.

Ein qualitätsbewusster Kunde weiß letztendlich, dass man in die Schaffung der Qualität investieren muss; er weiß und erwartet aber auch, dass diese Investition mehrfach zurückkommt – durch Einhalten der Termine, durch Lieferung adäquater Lösungen, durch Schaffung von Kundenzufriedenheit.

4. Welche Ausbildung und Fähigkeiten soll der Qualitätsmanager im IT-Projekt haben?

Auch in IT-Projekten sollte ein Qualitätsmanager vor allem ein professioneller Projektmanager sein. Ähnlich wie von einem Projektmanager wird auch von einem Qualitätsmanager in kleineren Projekten mehr Fachwissen und Anwendungswissen verlangt. Bei größeren, komplexen Projekten liegt der Schwerpunkt auf Management und sozialer Kompetenz.

5. Wir haben bereits einen Qualitätsmanager im Unternehmen. Kann er auch im Projekt mitarbeiten?

Im Bereich Produktqualität ist er sicher eine wertvolle Hilfe; als Qualitätsmanager im Gesamtprojekt nur, wenn er zusätzlich eine professionelle Projektmanagement-Ausbildung und -Erfahrung hat.

10 Anhang: Gliederung Projekthandbuch

Inhaltsverzeichnis

11 Anhang: Gliederung Software-Qualitätsplan

Nachfolgend ein Beispiel für die mögliche Gliederung eines Qualitätsplans für die Softwareherstellung:

1 Einleitung
1.1 Inhalt und Ziel dieses Qualitätsplans
1.2 Ausgangssituation
1.2.1 Definitionen
1.2.2 Referenzen, beteiligte Produkte und Projekte
1.3 Geltungsbereich und weitere Schritte bezüglich des Qualitätsplans

2 Produktqualität
2.1 Funktionalität
2.2 Nutzbarkeit (Usability)
2.3 Zuverlässigkeit (Reliability)
2.4 Performance
2.5 Wartungsfreundlichkeit (Supportability)
2.6 ((Weitere relevante Attribute, wie Portabilität, Skalierbarkeit u. a.))

3 Produkt-Lebenszyklus
3.1 Überblick der Produkt-Lebenszyklus-Phasen
3.2 Anforderungsanalyse
3.3 Design
3.4 Erstellung
3.5 Testen
3.6 Freigabe und Einführung

4 Qualität der produktbegleitenden Prozesse
4.1 Verwendete Tools, Techniken, Methoden und Standards
4.2 Änderungsmanagement und Konfigurationsmanagement
4.3 Fehlererkennung und Fehlerverfolgung
4.4 Erfahrungssicherung

12 Anhang: Checklisten für QM im Projekt

Dieses Kapitel enthält die Checklisten für einen Health Check des Projekts in jeder seiner Phasen. Diese Checklisten sind aus der Praxis entstanden und wurden nach Erscheinen des ersten Entwurfs des Leitfadens für Qualität in Projekten, ISO 10006, ergänzt und neu strukturiert. Die Checklisten können sowohl als Arbeitsvorlage als auch als Basis für weitere Anpassungen für neue Projekte verwendet werden. Sie können von jedem Projekt-/Qualitätsmanager, der sie übernimmt, mit jeder dazu gewonnenen Erfahrung weiterentwickelt werden.

12.1 Allgemein

	Kontrollfrage:	Antwort/Handlungsbedarf:	Erledigt:
1.	Existieren beim Auftraggeber Qualitätsrichtlinien, an denen sich das Projekt orientieren kann/soll?		
2.	Existieren im Anwendungsbereich der Projektprodukte Qualitätsrichtlinien, Normen, Standards, an denen sich die Messung der Produktqualität orientieren kann/soll?		
3.	Gibt es nationale/kulturelle/religiöse/politische Besonderheiten, die im Projekt berücksichtigt werden müssen?		
4.			

12.2 Projektprozesse

12.2.1 Strategie

	Kontrollfrage:	Antwort/Handlungsbedarf:	Erledigt:
1.	Steht das Management (Auftraggeber/ Auftragnehmer) hinter den Bemühungen um Qualität im Projekt? (Budget für Qualitätsmanager/Projektbüro vorhanden?)		
2.	Interessengruppen (Stakeholder) identifiziert? (Teilprojekte, Intern, Extern, Institutionen, Behörden …)		
3.	Projekt-Life-Cycle definiert? (existiert ein Phasenmodell?)		
4.	Projektziele durch den Auftraggeber klar definiert? (Schriftlich, operational?) (Quelle/ Referenz?)		
5.	Projektziele beim Auftragnehmer kommuniziert/klar verstanden/akzeptiert?		
6.	Erwartungen und Befürchtungen der Stakeholder bekannt? (Referenz?)		
7.	Kompetentes Fachpersonal fürs Projektteam verfügbar? (Maßnahmen?)		
8.	Projektorganisation/Zusammenarbeit/ Beistellleistungen klar definiert/akzeptiert/abgestimmt? (Quelle/Referenz?)		
9.	Kritische Erfolgsfaktoren für das Projekt identifiziert/definiert/mit dem PM des Auftraggebers und allen Subunternehmern abgestimmt? (Quelle/Referenz?)		
10.	Metriken für die Messung der Qualität der Projektprozesse und Projektergebnisse definiert/vereinbart? (Quelle/Referenz?)		
11.	Zwänge des Projekts existent/bekannt?		
12.	Ist Projektmarketing und PR-Arbeit relevant/vorgesehen? Wenn ja: • ist dafür Budget vorgesehen? • sind Abstimmungswege und Verantwortliche definiert/bekannt?		
13.	Ist Veränderungsmanagement relevant/ vorgesehen? Wenn ja: • ist dafür Budget vorgesehen? • sind Abstimmungswege und Verantwortliche definiert/bekannt?		
14.			

12.2.2 Abhängigkeiten

	Kontrollfrage:	Antwort/Handlungsbedarf:	Erledigt:
1.	Prozesse der Projektplanung und Aktualisierung vereinbart und dokumentiert? (Referenz?)		
2.	Erwartungen/Forderungen der Betroffenen in der Planung berücksichtigt?		
3.	Projekt-Reviews und Informationsaustausch mit den Betroffenen berücksichtigt/geplant/gewährleistet? (Siehe auch Abschnitt Kommunikation)		
4.	Vorbereitung der Betroffenen auf Änderungen berücksichtigt?		
5.	Betroffene Systeme (Teilprojekte, Parallelprojekte) und alle Schnittstellen identifiziert? (Auflisten/Referenz)		
6.	Abhängigkeiten der betroffenen Systeme in der Planung berücksichtigt?		
7.	Änderungs- und Konfigurationsmanagement aufgesetzt?		
8.			

12.2.3 Leistungsumfang (Projekt/Produkt)

	Kontrollfrage:	Antwort/Handlungsbedarf:	Erledigt:
1.	Dokumentierte Anforderungsanalyse vorhanden/zu erstellen?		
2.	Sollkonzept vorhanden/zu erstellen?		
3.	Feinkonzept vorhanden/zu erstellen?		
4.	Meilensteinorientierte Projektsteuerung und Kontrolle auf der Basis des Projektplans definiert/abgestimmt?		
5.	Messbare Abnahmekriterien und Abnahmebedingungen sowie Abnahmevorgehen für alle Aktivitäten definiert?		
6.			

12.2.4 Termine

Kontrollfrage:	Antwort/Handlungsbedarf:	Erledigt:
1. Berücksichtigt die Projektterminplanung lokale/nationale/firmeninterne Besonderheiten (Jahresabschluss, Betriebsferien, Feiertage, Überstundenverbot, Pflichturlaub, Lieferzeiten u. a.)		
2. Wichtigste Termine mit dem Auftraggeber abgestimmt?		
3.		

12.2.5 Kosten

Kontrollfrage:	Antwort/Handlungsbedarf:	Erledigt:
1. Strukturiertes Projektbudget vorgegeben/definiert? Welche Kostenarten sind vorgegeben? (Referenz?)		
2. Zuständigkeiten und Verantwortung für die Projektbudgets definiert/abgestimmt?		
3. Abrechnung und Kontrolle definiert?		
4. Leistungsnachweis und Abrechnung der Leistungen der Projektteammitglieder definiert und mit allen Beteiligten abgestimmt?		
5.		

12.2.6 Ressourcen

	Kontrollfrage:	Antwort/Handlungsbedarf:	Erledigt:
1.	Alle relevanten Ressourcen (personelle und materielle) identifiziert/definiert? • Projekträume • Projektsekretariat/Projektbüro • Material • IT-Infrastruktur (Zugriffsregelung, Backup, Virenschutz) • Tools (SW-Lizenzen, HW) • Projektrollen und Projektfunktionen, sowie „Job Description" für deren Besetzung • Besetzung der Projektfunktionen • Notwendiges Know-how im Projekt		
2.	Vorgaben für Auswahl der Subcontractors/Lieferanten berücksichtigt?		
3.	Umgang/Verhaltensregeln mit sicherheitsrelevanten Materialien und Informationen sowie Zutrittsrechte geklärt?		
4.	Zuständigkeiten, Kontrolle und Kostenübernahme für identifizierte Ressourcen definiert/vereinbart?		
5.	Inventarisierung des Projekteigentums geplant? (Vorgehen, Methoden, Zuständigkeiten definiert?)		
6.			

12.2.7 Personal/Projektteam

	Kontrollfrage:	Antwort/Handlungsbedarf:	Erledigt:
1.	Projektorganisation und Zusammenarbeit mit dem Auftraggeber definiert?		
2.	Kompetenzmatrix definiert?		
3.	Ausbildungs-/Schulungs-/Trainingsbedarf des Projektteams überprüft/gewährleistet?		
4.	Einschränkungen/Vorgaben im Personaleinsatz bekannt/akzeptiert?		
5.	Regeln und Vorgehen für Leistungsnachweis und -abrechnung abgestimmt und dokumentiert?		
6.	Möglichkeiten für besondere Würdigung der Leistungen der Projektmitarbeiter abgestimmt?		
7.			

12.2.8 Kommunikation

	Kontrollfrage:	Antwort/Handlungsbedarf:	Erledigt:
1.	Regeln/Methoden/Tools für formelle und informelle Kommunikation definiert? • Projektinterner Informationsaustausch • schriftliche Kommunikation: Form, Verteiler • Berichtswesen • Meetings • Präsentationen • Informelle Kommunikation		
2.	Regeln im Team und Umfeld abgestimmt und eingeführt?		
3.	Kommunikationskonzept und -plan vorhanden?		
4.	Informationsaustausch (Rückmeldungen) mit den Betroffenen (Stakeholder) geplant/gewährleistet?		
5.			

12.2.9 Dokumentation

	Kontrollfrage:	Antwort/Handlungsbedarf:	Erledigt:
1.	Warenzeichen, Autorenrechte oder Patentrechte zu beachten?		
2.	Owner und Support für Dokumentationserstellung und deren QS definiert/ vorhanden?		
3.	Dauer, Ort, Medium und Struktur der Ablage und Archivierung festgelegt?		
4.	Müssen Teile der Dokumentation übersetzt werden? (Sprache?) (gleichzeitig/zeitnah/anschießend?)		
5.			

12.2.10 Risiko

	Kontrollfrage:	Antwort/Handlungsbedarf:	Erledigt:
1.	Umfang, Detaillierung und Bereiche für Risikoplanung mit dem Auftraggeber abgestimmt?		
2.	Interne Anforderungen bzgl. Risikoplanung berücksichtigt?		
3.	Kontrolle, Abschätzung und Auswertung der Risikosituationen definiert und im Projektplan berücksichtigt?		
4.			

12.2.11 Beschaffung

	Kontrollfrage:	Antwort/Handlungsbedarf:	Erledigt:
1.	Vorgaben für die projektbezogene Beschaffung bekannt/vereinbart/eingehalten?		
2.	Kompetenzen für die Beschaffung geklärt/abgestimmt, im Team bekannt?		
3.	Existieren zu beachtende Ausschreibungen, Bestellungen, Verträge (Referenz auflisten)?		
4.	Lieferanten/Subcontractors ausgewählt?		
5.	Projektbuchhaltung/Inventarisierung der Beschaffung vereinbart?		
6.			

12.3   Erfahrungssicherung

	Kontrollfrage:	Antwort/Handlungsbedarf:	Erledigt:
1.	(Datenbank-)System für Sammlung und Auswertung der Projektinformationen und -daten etabliert? (Referenz?)		
2.	Owner der Erfahrungssicherung designiert, Prozesse vereinbart?		
3.	Form, Frequenz und Art der Rückmeldung von Stakeholdern vereinbart, Information erfasst?		
4.	Auswertung und Verteilung der Information sichergestellt? (Referenz?)		
5.	Projektabschluss-Reviews geplant? (Intern, mit dem Auftraggeber, mit Stakeholdern?)		
6.			

13 Fußnoten und Anmerkungen zum Text

In diesem Abschnitt werden erläuternde Hinweise und Referenzen zum Text aufgeführt. In den Anmerkungen wird das Thema der verweisenden Stelle im Text nochmals wiederholt, damit sie der Leser bei Bedarf auch sequentiell lesen kann. Die Angaben in eckigen Klammern [ ] verweisen auf die Publikationen, die detailliert im Literaturverzeichnis, Kapitel 15, aufgelistet sind.

1 Wie neue Chancen und Herausforderungen einer dynamischen Unternehmensumwelt durch Projektmanagement wahrgenommen werden, beschreibt Dworatschek in [Dworatschek 1998].

2 Eine Aufzählung der Projektarten ist bei Schelle in [Schelle 1998] zu finden, eine Definition des Begriffs Projekt nimmt Litke in [Litke 1995], Seite 16 ff. vor, Patzak und Rattay führen eine Matrix zur Kategorisierung der Projekte in [Patzak 1998] auf.

3 Die Unternehmenskultur steht nach Müller in [Müller 1996], Seite 22, immer im Kontext zur Gesellschaftskultur. Demnach könne das Verhalten der Menschen innerhalb von Unternehmen auch nur ein Abbild der Normen und Werte der sie umgebenden Gesellschaft sein (Beispiel – Kulturvergleich mit Japan und japanischen Unternehmen).

4 Patzak und Rattay gehören zu den wenigen Autoren, die den Begriff Projektkultur erläutern, in [Patzak 1998], Seite 281 ff.

5 Roland Gareis beschreibt in seinem Beitrag über „Management by Projects" in [Schelle 1994], Kapitel 1.4, Seite 4, die Merkmale eines projektorientierten Unternehmens.

6 Patzak und Rattay widmen in ihrem Leitfaden [Patzak 1998] dem Thema „Das projektorientierte Unternehmen" ein ganzes Kapitel.

7 Ein stufenweises Vorgehen für die Einführung eines Projektbüros bei der IDG wurde im Rahmen der 2. Europäischen PMI-Konferenz in München 1997 vorgestellt.

8 Die Denk- und Handlungsmuster für das neue Projektmanagement „der 2. Ordnung" stellt Saynisch in [Saynisch 1997] vor.

9 Siehe auch Internetadressen (URL) der Projektmanagement-Organisationen in Kapitel 15.1, Internet-Links.

10 Die Internationale Projektmanagement-Organisation, IPMA, wurde ursprünglich unter dem Namen INTERNET aus der Taufe gehoben. Als im Laufe der Jahre der Name „Internet" immer mehr die heute bekannte Be-

deutung des weltumfassenden Computernetzwerks bekam, verzichtete die IPMA, um Missverständnisse zu vermeiden, auf ihren ursprünglichen Namen.

11 „A guide to the project management body of knowledge" (PMBOK) in [PMI 1996] kann auch kostenlos über die Internetseiten vom PMI bezogen werden.

12 Der deutsche Zugang zum Project Management Body of Knowledge ist der „Projektmanagement Fachmann" [GPM 1998].

13 Kompetenzbereiche eines Projektmanagers sind im Projektmanagement-Kanon [Motzel 1998b] aufgeführt.

14 Projektmanagement-Kanon [Motzel 1998b] ist ein normatives Dokument für die Kompetenz im Projektmanagement.

15 Im Literaturverzeichnis sind weitere Projektmanagement-Publikationen aufgelistet, die die Verfasserin als lesenswert empfindet. Sowohl auf dem deutschen als auch auf dem internationalen Buchmarkt findet der Leser eine Vielzahl von weiteren, auch branchenorientierten Fachbüchern.

16 IPMA Competence Baseline (ICB) ist die Grundlage für die einzelnen durch die IPMA validierten Zertifizierungsprogramme der nationalen Projektmanagement-Gesellschaften [IPMA 1999].

17 Die Tabelle der Qualitätselemente ist ein Auszug aus der ISO-Norm. In [Ungermann 1996] wird die Umsetzung dieser Elemente in die Softwareerstellung erläutert.

18 Einen ausführlichen praktischen Vergleich zwischen ISO 9000 und TQM, repräsentiert durch Malcolm Baldridge und CMM, findet der Leser in [Tingey 1997]. Einen akademischen Vergleich liefert Hauer in [Hauer 1996].

19 In der relativ neuen Publikation [Bentley 98] „Quality Management within PRINCE 2" ist beispielsweise noch das engere produktorientierte Verständnis der Qualität erläutert. PRINCE ist eines der wenigen öffentlich publizierten Projekt-Vorgehensmodelle.

20 Der Begriff „Stakeholder" wird in der deutschsprachigen Literatur meist im Original verwendet oder als „Interessengruppe" übersetzt.

21 Derzeit arbeiten die Normausschüsse beispielsweise an einer Norm über Projektmanagement-Qualitätssysteme.

22 Den Beitrag „Ist für Projekte eine besondere Art der Qualitätssicherung erforderlich?" von Gerhard Schönbach findet man in [Schelle 1994] Kapitel 4.8.1.2 ff.

23 In der Publikation [IPMA 1999] werden die Anforderungen an das Wissen, die Anwendungserfahrung und das persönliche Verhalten eines Projektmanagers zusammengefasst.

24 Das Dynamische Projektmanagement erläutert Gemünden in dem PM-Grundsatzbeitrag in [Gemünden 1998]; diesen Artikel findet die Verfasserin als durchaus lesenswert, auch wenn sie nicht alle darin enthaltenen Aussagen nachvollziehen kann, insbesondere nicht diejenigen über die

Rolle des Projektbüros. Gemünden bezeichnet das Projektbüro als „zentrale Dienststelle, die alle wichtigen Projektaktivitäten unterstützt", spricht ihm aber gleichzeitig jegliche Bedeutung für den Projekterfolg ab.

25 Zum Thema Führungsaufgaben und Teambildung im Projektmanagement erschien in den letzten Jahren eine Vielzahl an Publikationen. Eine kurzweilige Lektüre bilden zum Beispiel die Bücher von DeMarco [DeMarco 1991], [DeMarco 1997], [DeMarco 1998] (vielleicht merkt der Leser, dass die Verfasserin ein DeMarco-Fan ist). Interessante Ansätze der psychologischen Art findet der konfliktgeplagte Projektmanager in „Projekte konfliktfrei führen" [Kellner 1996].
Sehr wertvolle Anregungen kann der Leser auch dem mit dem Schmalenbach-Preis ausgezeichneten Werk von Uwe Renald Müller entnehmen [Müller 1996]. Obwohl dieses Buch als Zielgruppe das mittlere Management in „Schlanken Führungsorganisationen" anspricht, können auch Projektmanager daraus vieles übernehmen.

26 Die menschliche Eigenschaft, bei großem Druck „Schlupflöcher" für Einsparungen zu suchen, ist der Verfasserin aus eigener Praxis nur allzu bekannt. Obwohl selbst zertifizierte Projektmanagerin, fällt es ihr immer wieder schwer, „zwei Herzen in einer Brust schlagen zu lassen" und beide Rollen – die des Projektmanagers und die des Qualitätsmanagers – in einem Projekt gleich intensiv wahrzunehmen.

27 Einige Beispiele für teure Flops durch IT-Projekte nennt der Leitartikel von IT.Services, Wirtschaftsmagazin für Management & EDV-Strategien, 10/1999.

28 Harry M. Sneed analysiert in seinem Artikel in der „CW Extra 1" vom 19. 2. 1999, Seite 43 ff., warum die Risiken der Software-Entwicklung trotz moderner Methoden und Werkzeuge steigen.

29 [Hauer 1996] beschreibt Total Quality Management in der Softwareproduktion.

30 [Gilb 1988] Principles of Software Engineering Management ist ein „Klassiker".

31 In vielen neu publizierten IT-Fachbüchern kommt der Begriff Qualitätsmanagement so gut wie gar nicht vor und wird auch nicht besprochen.

32 Als Orientierung für die Erstellung dieses Qualitätsplans dienen IEEE Standard for Software Quality Assurance Plans [IEEE 730-1989], ISO Quality Systems – Guidelines for Software Quality Assurance sowie IEEE Standards für Software-Validierung und Testen.

33 Details über Capability Maturity Model für Software (CMM) findet man in Internetpublikationen des Software Engineering Institute (SEI) unter *http://www.sei.cmu.edu*.

34 Untersuchungen des Reifegrads nach CMM beschreibt Humphrey im Artikel „Process maturity model", in: „Marciniak, J. J. (Hrsg.): Encyclope-

dia of software engineering, New York 1994, Seite 858", zitiert in [Hauer 1996].

35 Über Bootstrap-Assessment schreiben Kuvaja, P., Similä, J. u. a. in „Software process assessment and improvement: the Bootstrap approach", Oxford, Cambridge 1994, Seite 128, zitiert in [Hauer 1996].

36 Ein nützlicher kurzer Leitfaden zur Umsetzung der 20 QM-Elemente der ISO 900x-Norm bei der Software-Erstellung ist in [Ungermann1996] zu finden.

37 Eine Beschreibung von SPICE findet man in der Internetpublikation unter *http://www.sqi.gu.edu.au/SPICE*.

38 Eine Beschreibung der IT-Infrastructure Library (ITIL) findet man in der Internetpublikation unter *http://www.ccta.gov.uk* oder *http://www.exin.nl* sowie beispielsweise in den Datenblättern von Hewlett-Packard und Siemens.

39 In der Sammlung von Essays zum Thema „Warum ist Software so teuer? ... und andere Rätsel des Informationszeitalters" von Tom DeMarco, einem der Pioniere der Software-Metriken [DeMarco 1997], findet der Leser provokante Aussagen zum Nachdenken und Umdenken.

40 Das Zitat von Uwe Renald Müller stammt aus dem Abschnitt „Kritische Betrachtungen aktueller IV-Entwicklungen" seines Buchs [Müller 1996], Seite 193 ff.

41 Der Leitfaden zum Management von Projekten, Projektportfolios und projektorientierten Unternehmen von Patzak und Rattay [Patzak 1998] kann von Projektmanagern auch als phasenorientiertes Nachschlagewerk gelesen werden.

42 Ein solches „Company Confidential/Internal usage only" Projekt-Vorgehensmodell haben beispielsweise Hewlett-Packard (PMFocus), IBM Projektmanagement Methode (PMM), Unisys (TEAMmethod).

43 Zum Projekt-Vorgehensmodell PRINCE 2 existieren in England zahlreiche Publikationen, die in Deutschland so gut wie unbekannt sind. Über *www.amazon.co.uk* können sie aber innerhalb von kürzester Zeit im eigenen Bücherregal landen. Von Colin Bentley, Co-Autor des PRINCE 2 Manuals sind beispielsweise die Publikationen [Bentley 1997] und [Bentley 1998].

44 Das Standard-Vorgehensmodell der Bundeswehr für Softwareentwicklung, das „V-Modell", ist mit einem ausführlichen Praxisleitfaden in [Bröhl 1995] beschrieben.

45 Die Definition der Projektprozesse wurde in den Ausführungen zu den Projektmanagement-Standards in Abschnitt 2.2 und im Rahmen der ISO 10006 Norm in Abschnitt 2.4.2 besprochen.

46 Steigernde Risiken der Softwareentwicklung analysiert Sneed in der Extra-Ausgabe der Computerwoche „CW Extra 1" vom 19. 2. 1999, Seite 43 ff.

47 Die Beschreibung von Qualitätsprüfungen ist im DIN ISO 10011 Leitfaden für das Audit von Qualitätsmanagementsystemen zu finden.

48 Die Formen der Aufbauorganisation in Projekten und ihre Effizienz ist in [Schelle 1994], Kap. 6.1 ff. erläutert.

49 Organisationsform als Erfolgsfaktor wurde insbesondere von Lechler in [Lechler 1997] und [Lechler 1998] untersucht.

50 Projektmarketing wird zum Beispiel im „Wissensspeicher der GPM" [GPM 1998] von Jens-Peter Abresch in Abschnitt 1.3.3 und von Patzak und Rattay in [Patzak 1998] in Abschnitt 3.1 erläutert. Veränderungsmanagement gehört nach der ICB Competence Baseline [IPMA 1999] zu den Kernkompetenzen eines Projektmanagers.

51 Mit dem Thema *Project Office* beschäftigen sich ausführlich Block und Frame in [Block 1998].

52 Nach dem Kenntnisstand der Verfasserin ist zur Zeit der Erstellung dieses Buchs das einzige auf dem Markt verfügbare Buch über Project Office das bereits erwähnte Werk von Block und Frame [Block 1998].

53 Eine der Ausnahmen unter den meist als „Wissensspeicher" angelegten Projektmanagement-Fachbüchern ist das Buch von Patzak und Rattay [Patzak 1998], das auch viele Hinweise und Anleitungen zur praktischen Umsetzung enthält.

54 Thomas Lechler präsentiert die bei seiner Dissertation gewonnenen Erkenntnisse über Erfolgsfaktoren des Projektmanagements in [Lechler 1997]. Eine Zusammenfassung ist in [Schelle 1994], Kapitel 1.8 zu finden.

55 Die Zitate über Definition des Projekterfolgs und der kritischen Erfolgsfaktoren von Thomas Lechler sind in [Lechler 1997], Seite 44 ff., zu finden.

56 Eine Zusammenfassung Lechlers Untersuchung der kritischen Erfolgsfaktoren im Projekt findet der Leser in [Schelle 1994], 8. Aktualisierung, Kapitel 1.8 ff.

57 Der Vortrag „Human Resource Development for Project Management" wurde in [Dworatschek 1984] veröffentlicht.

58 Das mit dem Schmalenbach-Preis dotierte Werk von Uwe Renald Müller diskutiert die neuen Aufgaben des mittleren Managements und fasst die „Erfahrung mit Berufsanfängern" in [Müller 1996], Seite 43 ff. zusammen.

59 Die Problemfelder von Führungskräften und aktuelle Anforderungen erläutert Dworatschek in [Dworatschek 1989].

60 Zertifizierung der Projektmitarbeiter wird beispielsweise bei IBM oder UNISYS als mehr oder weniger starke Empfehlung oder gar Vorgabe gesehen. Aber auch deutsche Firmen, wie beispielsweise Siemens, legen immer mehr Wert auf diese Art von Personalentwicklung.

61 Die Führungsfunktion „Ziele Setzen" wird von Dworatschek in [Dworatschek 1998] erläutert. Eine ausführliche Beschreibung der Projektziele nimmt Grau in [Grau 1998] vor.

62 Der Vortrag von Dworatschek wurde erstmalig in „Proceedings of the 7th International Expert Seminar, GDI, Zürich 1981" veröffentlicht und in [Dworatschek 1984] zitiert.

63 Zu den Unternehmen, bei denen es gerne gesehen wird, wenn die Mitarbeiter zusammen Kaffee trinken, gehört beispielsweise Hewlett-Packard.

64 Die so genannten Killerphrasen werden so genannt, weil sie in der Regel jedes konstruktive Gespräch zunichte machen.

65 Im Handbuch für PR-Profis [Bürger 1985] (zitiert aus Seite 83) befinden sich für alle, die schriftlich kommunizieren müssen, wertvolle Hinweise und Anleitungen.

66 Über gruppendynamische Prozesse und Auswirkungen von psychosozialen Beziehungen in den Besprechungsgruppen sei auf existierende Fachliteratur verwiesen.

67 Die Methode der Ergebnislistentechnik wurde von Martin Koldau in „Zeitschrift für Organisation", Universität Gießen, Institut für Betriebswirtschaft, 2/1973 publiziert.

68 Unternehmen wie Siemens und DaimlerChrysler entwickelten intern Anwendungssoftware zur Unterstützung der ergebnisorientierten Protokollierung. Die Informatik-Beratung Bartsch-Beuerlein (IBBB) stellt ebenfalls in allen ihren Projekten hierfür das Tool „MeetingPro" kostenlos zur Verfügung.

69 Für Softwareentwicklung wurde Mitte der achtziger Jahre von Barry Boehm ein Spiralmodell vorgestellt (vgl. „A spiral model of software development and enhancement"; ACM Sigsoft Software Engineering Notes, 11 Jg. /1986, Heft 1), das seitdem von einigen Autoren aufgegriffen wurde. Im PMI-PMBOK [PMI 1996] wird ebenfalls ein Ableger dieses Spiralmodels vorgestellt.

70 „Murphys Gesetze" haben inzwischen Kult-Charakter und sind den meisten Informatikern wohl bekannt. Eine Sammlung dieser Gesetze ist beispielsweise in „Gesammelte Gründe, warum alles schief geht, was schief gehen kann. Murphy's Gesetze in einem Band" von Artur Bloch, erschienen in Goldmann-Verlag 1985.

71 Auf den Internetseiten der EFQM und ihrer Deutschen Sektion werden die Grundlagen und das Vorgehen detailliert erläutert (siehe Abschnitt 15.1, Internet-Links).

72 Der aktuelle Stand der Neuregelung für Zertifizierung der Projektmanager in Deutschland ist dem GPM-Periodikum „Projekt Management" sowie den aktuellen Internet-Seiten der GPM zu entnehmen.

73 Detailinformationen zu der Zertifizierung der Projektmanager sind auf den Internetseiten der GPM zu finden (siehe Abschnitt 15.1, Internet-Links).

74 Die Erläuterung zum „deutschen projektmanagement award" ist in dem Informationsmaterial für die Bewerbung um den „award" entnommen. Mehr Details sind über die Internetseiten der GPM zu finden (siehe Abschnitt 15.1, Internet-Links).

75 Zum Thema Projektmanagementsoftware ist von Motzel in [Motzel 1998a] ein kurzer, aber informativer „Projektmanagement-Software

Survey 6/98" erschienen. Diesem kann der interessierte Leser vor allem eine weitergehende Literaturliste zu diesem Thema entnehmen.

76 Eine Liste der Planungssoftware mit Kontaktadressen zu den Herstellern ist im Literatur- und Quellenverzeichnis, Abschnitt 15.4, aufgeführt.

77 Für die Erstellung eines portablen Dokumentenformats bietet zum Beispiel Adobe mit dem Acrobat die entsprechenden Tools. Für das Lesen dieser Formate können kostenlose Lizenzen des Adobe-Reader über das Internet geladen werden (*http://www.adobe.de/products/acrobat/readstep.html*).

78 MS-Office-Anwendungen können zur Zeit als De-facto-Standard genommen werden; sie werden beinahe von allen IT-Projektanbietern verwendet und können meist auch in einem heterogenen Projektteam ohne zusätzlichen Einarbeitungsaufwand eingesetzt werden.

79 Ein „Survey der Projektmanagement Software für 1998" nahm Erhard Motzel in der Fachzeitschrift der GPM, „Projekt Management" 4/98, Seite 35 ff. vor.

14 Glossar

Im nachfolgenden Glossar werden die verwendeten Abkürzungen, Begriffe und Definitionen aufgeführt.
Die Gültigkeit der Auslegung dieser Begriffe kann nach den nachfolgend aufgelisteten Kontextklassen variieren. Wenn der Begriff keiner Klasse zugeordnet wird, gilt er allgemein (z. B. Firmennamen).

Begriffsklasse:	Beschreibung:
Inet	Ein im Internet gebräuchlicher Begriff
IT	Informationstechnologie (Entwicklung, Software, Hardware, Netze)
Org	Abkürzung einer Organisation
PM	Projektmanagement generell
QM	Begriff aus dem Qualitätsmanagement
→	Verweis auf weitere im Glossar beschriebene Begriffe

Abkürzung/ Begriff	Begriffserklärung	Begriffs- klasse
AFITEP	Französischer nationaler Fachverband der Projektmanager	Org
ANSI	American National Standards Institute (Beschreibung siehe Internet Links)	Org
APM	Association of Project Managers; englischer nationaler Fachverband der Projektmanager	Org
ASQC	American Society for Quality Control (Beschreibung siehe Internet Links)	Org
BOK	Body of Knowledge; Gesamtwissen (in einem bestimmten Fach- Anwendungsbereich)	
CCTA	Central Computer and Telecommunications Agency, England, Entwickler von → ITIL und → PRINCE	Org
CI	Corporate Identity	
CIPPM	Center for International Project & Program Management (Beschreibung siehe Internet Links)	Org

Abkürzung/ Begriff	Begriffserklärung	Begriffs- klasse
CMM	Capability Maturity Model; ein im Auftrag der US Air Force durch das amerikanische Software Engineering Institut (SEI) der Carnegie-Mellon-Universität entwickeltes Modell zur Bewertung der Qualität und des Reifegrades der industriellen Softwareproduktion.	QM
CWQC	Company Wide Quality Control	QM
DGQ	Deutsche Gesellschaft für Qualität e. V., Frankfurt, gegründet 1952	Org
DIN	Deutsche Industrienorm	
EFQM	European Foundation for Quality Management	Org
EN	Europäische Norm	
EOQ	European Organization for Quality	Org
EQA	European Quality Award	QM
F&E	Forschung und Entwicklung	
FAQ	Frequently asked questions	Inet
FMEA	Failure Mode and Effects Analysis; Fehlermöglichkeits- und -einflußanalyse; ein Instrument der Qualitätssicherung/Qualitätsplanung; Verfahren zur Fehlervermeidung in der Produktion.	QM
GPM	Gesellschaft für Projektmanagement, deutsche Sektion der → IPMA	Org
ICB	→ IPMA Competence Baseline; in diesem internationalen Dokument der IPMA werden die Anforderungen an das Wissen, die Anwendungserfahrung und das persönliche Verhalten eines Projektmanagers zusammenfassend spezifiziert.	PM
IEC	International Electrotechnical Commission	Org
IEEE	Institute of Electrical and Electronics Engineers	Org
IPMA	International Project Management Association	Org
IPMI	Institut für Projektmanagement und Wirtschaftsinformatik, Universität Bremen	Org
ISO	International Standard Organization	Org
ITIL	→ IT Infrastructure Library; umfassender De-facto-Standard für IT-Service-Management, entwickelt Ende 1980 in England von → CCTA	IT

Abkürzung/ Begriff	Begriffserklärung	Begriffs- klasse
IV	Informationsverarbeitung	
JUSE	Japanese Union of Scientists and Engineers	Org
Kaizen	Japanisch, Kai = Veränderung, Wandel, Zen = zum Besseren, im positiven Sinn, Kaizen = kontinuierliche Verbesserung; ein langfristiges Konzept für → QM, das auf graduelle kontinuierliche Verbesserung der Unternehmensleistung in allen Unternehmensbereichen durch alle Beschäftigten abzielt.	
Kanban	Japanisch = sichtbare Aufzeichnung; eine Karte, die als Informationsträger zur Steuerung und Überwachung der Just-in-Time-Produktion dient.	QM
LEP	Der deutschen Qualitätspreis – Ludwig-Erhard-Preis; gemeinsam mit dem VDI und den Spitzenverbänden der deutschen Wirtschaft von → DGQ initiiert und entwickelt. Er wurde erstmals 1997 an zwei Unternehmen vergeben.	Org
MBA	Malcolm Baldrige Award (verkürzte Bezeichnung) → MBNQA	QM
MBNQA	Malcolm Baldrige National Quality Award	QM
MIT	Massachusetts Institute of Technology	Org
PMBOK	Project Management Body of Knowledge; Standardwerk des → PMI	PM
PMI	Project Management Institute	Org
PMP	Project Management Professional (eine Zertifizierungsstufe des → PMI)	
Poka-yoke	Japanisch, Poka = unbeabsichtigte Fehler, yoke = Vermeidung; Verfahren des → QM, ein „narrensicherer Mechanismus", umfasst alle Bestrebungen zur Umsetzung des Null-Fehler-Prinzips in die Praxis.	QM
PRINCE	PRojects IN Controlled Environments, ein Vorgehensmodell für Projektmanagement, entwickelt 1989 in England von → CCTA als Standard für IT-Projekte im Auftrag der Regierung.	PM
QFD	Quality Function Deployment; ein Instrument zur Koordination der interfunktionalen Zusammenarbeit im Produkt-Entstehungsprozess (auch im Software- Entstehungsprozess), so dass auf jeder Designstufe (Pro-	QM

Abkürzung/ Begriff	Begriffserklärung	Begriffs- klasse
	duktplanung, Komponentenkonstruktion, Produkti- onsplanung, Arbeitsvorbereitung) die Kundenanforde- rungen berücksichtigt werden.	
QM	Qualitätsmanagement	
QS	Qualitätssicherung	QM
SEI	Software Engineering Institute (Beschreibung siehe In- ternet Links)	Org
SPICE	(Software Process Improvement and Capability Deter- mination); mit dem Ziel, der Software-Industrie im Sin- ne der weltweit gültigen ISO 9001 ein einheitliches Mo- dell zur Verbesserung der Softwareprozesse zu bieten, arbeiten ISO und IEC am Entwurf von SPICE. Die erste Version des Entwurfs wurde 1995 vorgestellt.	QM
SPM	Schweizerischer nationaler Fachverband der Projekt- manager	Org
TQC	Total Quality Control	QM
TQM	Total Quality Management, Teilaspekt des japanischen → Kaizen-Konzepts	QM
VDI	Verein Deutscher Ingenieure	Org

15 Quellen- und Literaturverzeichnis

15.1 Internet-Links

Die Beschreibung der Internet-Links wurde der Selbstdarstellung der Anbieter im Web entnommen und spiegelt nicht die Meinung oder Erfahrung der Autorin wider.

Name/Internet Link	Beschreibung
ANSI, American National Standards Institute http://www.ansi.org	Founded in 1918, the American National Standards Institute (ANSI), is a private, not-for-profit membership organization that coordinates the U.S. voluntary consensus standards system and approves American National Standards. ANSI consists of approximately 1,300 national and international companies, 30 government agencies, 20 institutional members, and 250 professional, technical, trade, labor and consumer organizations. ANSI acts to insure that a single consistent set of consensus based American National Standards are developed by ANSI-accredited standards developers. Integral to the development and approval process is the requirement that all interests concerned have the opportunity to participate in the development process.
APM, Association of Project Managers http://www.apmgroup.co.uk	The Association of Project Managers exists to help its members and to advance and promote the profession of Project Management, its skills and practice. It is the only UK based organization dedicated to advancing the science of Project Management and the professional development of Project Managers and Project Management specialists.
ASQ, American Society for Quality http://www.asq.org	ASQ is the worldwide leader in the development, promotion, and application of quality and quality-related technologies for the quality profession, private sector, government, and academia. Its goal: To create a greater awareness of the need for

Name/Internet Link	Beschreibung
	quality, to promote research and the development of standards, and to provide educational opportunites to ensure product and service excellence through improved quality. Founded in 1946 as a direct result of World War II efforts, ASQ's original purpose was to improve the quality of defense materials. Today, ASQ serves its 70,000 individual members and 650 corporate members through publications, courses, national and international conferences and seminars, professional certification programs, and local meetings and events conducted by its 210 sections, 15 divisions, and 9 technical committees.
CCTA, ITIL, PRINCE http://www.ccta.gov.uk	CCTA is the Central Computer and Telecommunications Agency, an agency of the UK government's *Cabinet Office*; CCTA has been providing advice and guidance to its public sector customers for over 25 years. CCTA is at the heart of UK government and its aim is to help customers to improve the delivery of their services through the best use of IT. CCTA is located in Norwich and London. Its primary focus is the UK public sector. CCTA has taken a lead in bringing public and private sector organizations together to develop world class methodologies for IT Management, including PRINCE for project management; SSADM for systems analysis and design; ITIL for IT service management and TAP for IT procurement.
CIPPM, Center for International Project & Program Management http://www.iol.ie/~mattewar/CIPPM/index.html	CIPPM is an international association and center of advanced communication, research, and learning for professional project managers and those interested in project management. CIPPM exists to serve, support, and advance project and quality management which serves society, including public and private business, politics, and social. Founded 1987, CIPPM is a non-profit organization based in Ann Arbor, Michigan (United States) at the University of Michigan, currently serving 6,900 members, affiliates, and sponsors internationally.
Deming Association http://www.deming.org.uk	British Deming Association

Name/Internet Link	Beschreibung
DGQ http://www.dgq.de	DGQ, Deutsche Gesellschaft für Qualität
EFQM http://www.efqm.org	European Foundation for Quality Management (EFQM Brüssel)
EFQM, Deutsche Sektion http://www.deutsche-efqm. de	Deutsche EFQM (European Foundation for Quality Management)
GPM http://www.gpm-ipma.de	Deutsche Gesellschaft für Projektmanagement e. V. (GPM)
IBBB, Informatik-Beratung Bartsch-Beuerlein http://www.beuerlein.de	INFORMATIK-BERATUNG BARTSCH-BEUER-LEIN, Know-how Center für Projektmanagement
IPMA, International Project Management Association http://www.ipma.ch	IPMA is the recognized international non-profit network type of organization for qualified project management. IPMA's vision is to be the prime promoter of project management as a powerful tool for management of change. IPMA started in 1965 as a discussion group of managers of international projects. The first international Congress was held in 1967 in Vienna with participants from 30 different countries. Since that time IPMA has developed steadily and is now the prime international promoter of project management in Europe, Asia, and Arab countries. A most significant characteristic of IPMA is the parallel development of 18 associated national societies which serve the specific development needs of each country in its own language. IPMA has thus emerged as the representative body of an international network of national project management societies.
IPMI http://www.ipmi.uni-bremen.de	Institut für Projektmanagement und Wirtschaftsinformatik, Universität Bremen
ISO, International Standards Organization http://www.iso.ch	ISO comprises more than 180 technical committees, covering many industry sectors and products. The American Society for Quality Control (ASQC) administers the U.S. Technical Advisory Group (TAG), which presents its views to the in-

Name/Internet Link	Beschreibung
	ternational ISO technical committees. The U.S. TAG to ISO Technical Committee 176 consists of quality experts that work with the international committee to draft, revise, and word ISO 9000+ (10000) quality assurance and quality management documents.
ITIL http://www.exin.nl	EXIN zertifiziert ITIL. EXIN is an independent IT foundation establishing educational requirements, and developing and organizing examinations in the field of Information Technology. Thanks to 34 years of experience EXIN has acquired a thorough and extensive knowledge in this field, thus fully warranting the quality of these examinations, both didactically and with respect to content. With examinations like ITIL, Projectmanagement (PRINCE 2) and ISPL, EXIN plays an important role in the development of international qualification standards.
Management Software http://www.managementsoftware.de	Managementsoftware-Informationszentrum. Zielgruppe sind Anwender, die sich für Lösungen im Bereich Projekt-, Zeit- und Unternehmensplanung interessieren. Auf der Website finden Sie unter anderem Hintergrundinfos, ein Diskussionsforum, eine Job-Börse für IT-Profis sowie Seminar-Themen und -Termine.
PMI, Project Management Institute http://www.pmi.org	The Project Management Institute (PMI) (25 years old in 1994) is a non-profit standards organization located in, and serving primarily, the United States. PMI publishes the PM standards internationally known as the Project Management Body of Knowledge (PMBOK).
SEI, Software Engineering Institute http://www.sei.cmu.edu	The Software Engineering Institute (SEI) is a federally funded research and development center established in 1984 by the U.S. Department of Defense with a broad charter to address the transition of software engineering technology. The SEI is an integral component of Carnegie Mellon University and is sponsored by the Office of the Under Secretary of Defense for Acquisition and Technology [OUSD (A&T)].

Name/Internet Link	Beschreibung
SPICE http://www.sqi.gu.edu.au/SPICE	Hier werden die Informationen zu SPICE publiziert: The Software Quality Institute (SQI) was officially opened on the 24th July, 1991. The main purpose of the Institute is to provide a focus in Queensland for expertise in software quality and to serve as a catalyst for innovations in software quality techniques. It is engaged in a program of action research with the local software industry and in basic research focused on rigorous computer-assisted program development. The Institute provides consulting and professional support to industry on setting up and managing software quality systems and on using national and international software standards. It has established specialist graduate training in software quality techniques and offers short courses on specialist topics as part of professional development programs.

15.2 Literatur

Referenz	Beschreibung
[Adams 1994]	Adams, H. W.; Rademacher H. (Hrsg.): Qualitätsmanagement, Strategie, Struktur, Systeme. Frankfurter Allgemeine Zeitung, Verlagsbereich Wirtschaftsbücher 1994
[Andersen 1992]	Andersen, E. S.; Grude, K. V.; Haug, T.;Turner, J. R.: Goal directed project management. Kogan Page – Coopers & Lybrand 1992
[Bartsch-B. 1995]	Bartsch-Beuerlein, S.: Projektmanagement mit ViewPoint; in Feyerabend, F.-K.; Grau, N. (Hrsg.): Aspekte des Projektmanagements, Eine praxisorientierte Einführung. Gießen: Verlag der Ferberschen Universitätsbuchhandlung 1995

Referenz	Beschreibung
[Bentley 1997]	Bentley, C.: PRINCE 2. Butterworth-Heinemann 1997
[Bentley 1998]	Bentley, C.: Quality management within PRINCE 2. Stationery Office Limited 1998
[Block 1998]	Block, T. R.; Frame, J. D.: The project office; Crisp Publications 1998
[Bröhl 1995]	Bröhl, A.-P.; Dröschel, W. (Hrsg.): Das V-Modell. Der Standard für die Softwareentwicklung mit Praxisleitfaden. 2. Aufl. Oldenbourg 1995
[Bürger 1985]	Bürger, J. H.: Arbeitshandbuch „Presse und PR", Tipps und Tricks eines PR-Profis., 2. erweiterte Aufl. Essen: Stamm 1985
[DeMarco 1991]	DeMarco, T.; Lister, T.: Wien wartet auf Dich! Der Faktor Mensch im DV-Management. Hanser 1991
[DeMarco 1997]	DeMarco, T.: Warum ist Software so teuer? Hanser 1997
[DeMarco 1998]	DeMarco, T.: Der Termin, Ein Roman über Projektmanagement. Hanser 1998
[Deming 1982]	Deming, W. E.: Quality, Productivity, and Competitive Position. Massachusetts Institute of Technology, Massachusetts, USA, 1982
[Deming 1986]	Deming, W. E.: Out of the crisis. Massachusetts Institute of Technology, Massachusetts, USA, 1986
[Dworatschek 1984]	Dworatschek, S.: Personalentwicklung im Projektmanagement; in: Arbeitsberichte aus dem Fachgebiet Leitung, Organisation, DV; Seite 46 ff.; Universität Bremen 1984
[Dworatschek 1989]	Dworatschek, S.: Problemfelder von Führungskräften und aktuelle Anforderungen; in: Arbeitstexte zur Organisation und Personalwirtschaft, Arbeitsbericht Nr. 7, Seite 127 ff.; Institut für Projektmanagement und Wirtschaftsinformatik, Universität Bremen 1989

Referenz	Beschreibung
[Dworatschek 1998]	Dworatschek, S.: Management; in: Projekt Management Fachmann; Seite 5 ff. Rationalisierungs-Kuratorium der Deutschen Wirtschaft (RKW) e. V. GPM 1998
[Franke 1989]	Franke, W. D. Dr.-Ing.: FMEA: Fehlermöglichkeits- und -einflußanalyse; 2. überarb. Aufl.: Moderne Industrie 1989
[Gemünden 1998]	Gemünden, H. G.; Lechler, T.: Dynamisches Projektmanagement; Grenzen des formalen Regelwerks; in: Projekt Management 9 Jahrgang 2/1998, TÜV Rheinland
[Gilb 1988]	Gilb, T.: Principles of software engineering management; Addison-Wesley Publishing Company 1988
[GPM 1998]	Projektmanagement Fachmann; Rationalisierungs-Kuratorium der Deutschen Wirtschaft (RKW) e. V. GPM, 4. völlig überarb. Auflage
[Grau 1998]	Grau, N.: Projektziele; in: Projekt Management Fachmann; Seite 151 ff. Rationalisierungs-Kuratorium der Deutschen Wirtschaft (RKW) e. V. GPM 1998
[Hauer 1996]	Hauer, R.: Total-quality-management in der Softwareproduktion; Peter Lang 1996
[IPMA 1999]	Editorial Committee: Caupin, G.; Knöpfel, H.; Morris, P.; Motzel, E., Pannenbäcker, O.: ICB – IPMA Competence Baseline; Bremen: Eigenverlag IPMA 1999
[Kamiske 1996]	Kamiske, G. F. (Hrsg.): Rentabel durch TQM; Springer 1996
[Kamiske 1998]	Kamiske, G. F. (Hrsg.): Der Weg zur Spitze; Hanser 1998
[Kellner 1996]	Kellner, H.: Projekte konfliktfrei führen. Wie Sie ein erfolgreiches Team aufbauen; Hanser 1996
[Kerzner 1998]	Kerzner, H.: In search of excellence in project

Referenz	Beschreibung
	management: successful practices in high performance organizations; John Wiley & Sons 1998
[Kirstein 1988]	Kirstein, H.: Ständige Verbesserung als Schlüssel für Produktivität durch Qualität. Qualität und Zuverlässigkeit 33 S. 677–683; dort weitere Literaturhinweise 1988
[Lechler 1997]	Lechler, T.: Erfolgsfaktoren des Projektmanagements; Peter Lang 1997
[Lechler 1998]	Lechler, T.: Dynamisches Projektmanagement; in: Projekt Management; GPM 2/98
[Litke 1995]	Litke, H.-D.: Projektmanagement: Methoden, Techniken, Verhaltensweisen; 3. Aufl., Hanser 1995
[Madauss 1984]	Madauss, B. J.: Projektmanagement; 2. unveränderte Aufl. Stuttgart: C. E. Poeschel 1984
[Motzel 1998a]	Motzel, E.: Projektmanagement-Software Survey 6/98; in Projektmanagement 4/98, Seite 35–37; GPM
[Motzel 1998b]	Motzel, E., Pannenbecker, O.: Projektmanagement-Kanon, Der deutsche Zugang zum Project management body of knowledge; TÜV 1998
[Motzel 1998c]	Motzel, E., Pannenbecker, O., Wolf, U.: Qualifizierung und Zertifizierung von Projektpersonal; TÜV 1998
[Müller 1996]	Müller, U. R.: Schlanke Führungsorganisationen: die neuen Aufgaben des mittleren Managements; 2. akt. Aufl., WRS 1996
[Patzak 1998]	Patzak, G.; Rattay, G.: Projekt Management: Leitfaden zum Management von Projekten, Projektportfolios und projektorientierten Unternehmen; 3. Aufl.: Linde 1998
[PMI 1996]	Duncan, W. R.: PMI Standards Committee: A guide to the project management body of knowledge; Project Management Institute 30 South State Road Upper Darby, PA 19082 USA; 1996

Referenz	Beschreibung
[Saynisch 1997]	Saynisch, M.: Ein neues Verständnis von Projektmanagement: Das Projektmanagement 2. Ordnung; in Dokumentationsband Deutsches Projektmanagement Forum, GPM 1997
[Schelle 1994]	Schelle H.; Reschke; Schnopp; Schub (Hrsg.): Projekte erfolgreich managen; (Loseblattwerk), TÜV Rheinland; 1994 ff.
[Schelle 1998]	Schelle, H.: Projekte und Projektmanagement; in: Projekt Management Fachmann; Seite 25 ff., Rationalisierungs-Kuratorium der Deutschen Wirtschaft (RKW) e. V., GPM 1998
[Sebestyen 1994]	Sebestyen, G. O.: Management-„Geheimnis" Kaizen: Der Japanische Weg zur Innovation; Ueberreuter 1994
[Tingey 1997]	Tingey, M. O.: Comparing ISO 9000, Malcolm Baldridge, and the SEI CMM for Software : A Reference and Selection Guide; Prentice Hall PTR 1997
[Ungermann 1996]	Ungermann, C.; Tesch, F.-J.; Solpe, B.; Weissert, M.: Qualitätsmanagement bei der Softwareerstellung, Leitfaden für die Umsetzung der DIN EN ISO 9000; VDI 1996
[Voss 1997]	Voss, H.: Software für Projektmanagement im Vergleich. Eine vergleichende Studie über 42 PC-Produkte und 17 Mini-/Main Frame-Produkte. Version 10.0, Sept. 1997, PSI AG, Berlin
[Walder 1997]	Walder, F.-P., Patzak, G.: Qualitätsmanagement und Projektmanagement; Vieweg 1997

15.3 Normen

Norm	Inhalt
DIN EN ISO 9000-1	Normen zum Qualitätsmanagement und zur Qualitätssicherung/QM-Darlegung – Teil 1: Leitfaden zur Auswahl und Anwendung (1994) Quality management and quality assurance standards – Part 1: Guidelines for selection and use (1994)
DIN ISO 10005	Quality Management – Guidelines for quality plans (1995) Qualitätsmanagement – Leitfaden für Qualitätsmanagementpläne (Entwurf 11/96)
DIN ISO 8402	Qualitätsmanagement und Qualitätsbildung – Anmerkungen zu Grundbegriffen (Entwurf 1992)
DIN ISO 9000-4	Normen zum Qualitätsmanagement und zur Darlegung von Qualitätsmanagementsystemen: Leitfaden zum Management von Zuverlässigkeitsprogrammen (1993) Quality management and quality assurance standards – Part 4: Guide to dependability program management (1993)
DIN ISO 9001	Qualitätsmanagementsysteme Modell zur Qualitätssicherung/QM-Darlegung in Design, Entwicklung, Produktion, Montage und Wartung (1994) Quality systems – Model for quality assurance in design, development, production, installation and servicing (1994)
DIN ISO 9004-1	Qualitätsmanagement und Elemente eines Qualitätsmanagementsystem-Leitfadens (1994)
DIN ISO 9004-2	Qualitätsmanagement und Qualitätsmanagementelemente – Leitfaden für Dienstleistungen (1991) Quality management and quality system elements – Part 2: Guidelines for services (1991)
DIN EN ISO 9004-4	Qualitätsmanagement und Qualitätsmanagementelemente – Leitfaden für Qualitätsverbesserung (1992)

Norm	Inhalt
	Quality management and quality system elements – Part 4: Guidelines for quality improvement (1993)
EN ISO 10007	Guidelines for configuration management (1995) Qualitätsmanagement – Leitfaden für Konfigurationsmanagement (12/96)
IEEE 1008-1987	IEEE Standard for Software Unit Testing (1987)
IEEE 1059-1993	IEEE Guide for Software Verification and Validation Plans (1993)
IEEE 730-1989	IEEE Standard for Software Quality Assurance Plans (1989)
IEEE 829-1983	IEEE Standard for Software Test Documentation (1983)
ISO 10006	Quality management – Guidelines to quality in project management (1996)
ISO 10013	Guidelines for developing quality manuals (1995)
ISO/IEC 12119	Information technology – Software packages – Quality requirements and testing (1994)
ISO/IEC 12207	Information technology – Software life cycle processes (1995)

15.4 Projektmanagementsoftware

Die meisten Marktspiegel und Studien, die älter als zwei Jahre sind, spiegeln nicht mehr den aktuellen Markt wider.[79] Eine relativ aktuelle Quelle über Projektmanagementsoftware und -Tools ist beispielsweise im Internet unter *www.managementsoftware.de* zu finden.

Die Liste der Projektmanagementsoftware und deren Hersteller bzw. Lieferanten erhebt keinen Anspruch auf Vollständigkeit. Die Beschreibung wurde den Herstellerinformationen entnommen und spiegelt nicht die Meinung oder Erfahrung der Verfasserin wider.

SW-Name	Beschreibung	Anbieter
ABT Workbench	Eine 32-Bit Software für die Terminplanung, Analyse und Kontrolle unternehmensweiter Projekte. Es präsentiert sich mit einer anwenderfreundlichen Oberfläche, die eine Reihe aktueller Features aufweist: Shortcut-Leisten, anpassbare Symbolleisten, Dialogboxen mit Tabulator-Navigation, OLE-Automatisierung, Drag- und Drop-Funktionalitäten sowie die Definition von Bibliotheken mit persönlichen und allgemeinen Ansichten.	Applied Business Technology Carl-Zeiss-Ring 14 D-85737 Ismaning Tel: +49(0)89- 96 279-0 Fax: +49(0)89-96 279-100 E-Mail: info@abtcorp.de
ACOS PLUS.1	PLUS.1 gibt Ihnen die Informationen, die Sie als Planer benötigen, um Ihre Projekte in terminlicher Hinsicht unter Berücksichtigung der finanziellen und kapazitiven Restriktionen abzuwickeln. Durch den Einsatz von PLUS.1 werden alle relevanten Parameter der Projekte in der Planungsphase optimal aufeinander abgestimmt. Bei der Projektdurchführung sorgen ausgefeilte Rückmeldefunktionen dafür, dass der Projektfortschritt transparent und steuerbar bleibt.	ACOS GmbH; Tampier Software Braunschweig ThekraSoft Software GmbH Isaraustraße 31 D-85774 Unterföhring Tel: (0 89) 99 27 89-0 Fax: (0 89) 99 27 89-11 E-Mail: info@thekrasoft.com
Alpha Project Line	Projektführungssystem; in Kombination mit Project Scheduler und einem gemeinsamen Repository besonders geeignet für Abwicklung von IT-Projekten.	HISC AG Projektmanagement Wendelstraße 4 CH-8646 Wagen/Jona Tel: +41(0)552 55 46-66 E-Mail: info@hisc.ch
Antilope (früher TimeMail)		INTERMET GmbH, EDV-Systemberatung, Weilheim
ARTEMIS	Komplettlösungen für Projektplanung und -management	Artemis International, D-85737 Ismaning Tel: +49-89/960 70 90 www.artemispm.com
CA-SuperProject CA-SuperProject/ Net	Komplettlösungen für Projektplanung und -management Projektmanagement für das Internet	CA Computer Associates D-64297 Darmstadt Tel: +49-6151/949-0 www.cai.com

SW-Name	Beschreibung	Anbieter
MS-Project 89	Mit dem flexiblen neuen Terminpla- nungsmodul in Microsoft Project 98 können Sie Projekte effizienter pla- nen, ihren Verlauf verfolgen und Konflikte vorausschauend vermeiden. Kommunizieren Sie Ihre Pläne mühe- los – Microsoft Project 98 enthält reichhaltige Präsentationsfunktionen, auch zum Veröffentlichen von Infor- mationen im Intranet und Internet, sowie Arbeitsgruppenfunktionen, die die Kommunikation mit Teammitglie- dern über E-Mail oder das Web er- möglichen. Volle Kompatibilität mit den Anwendungen aus Microsoft Office und auch mit anderen Daten- banken und Systemen bedeutet, dass Benutzer den Umgang mit Project 98 schneller erlernen und Informationen leichter mit Mitarbeitern im Unter- nehmen teilen können.	Microsoft GmbH, Unterschleißheim www.microsoft.com/ger- many
OCTOproject	Planung und Steuerung von Projekten unter Lotus Notes	IntraWare AG Brückenmühle 93 D-36100 Petersberg Tel: 0661/96 42 0 Fax: 0661/96 42 99 E-Mail: info@intraware.de
PowerProject	Mit PowerProject erstellen Sie Ihre Terminpläne als vernetzte Balkendia- gramme. Vorgänge werden als Balken und Abhängigkeiten als Pfeile auf dem Bildschirm gezeichnet, ohne Menüsequenzen zu durchlaufen. PowerProject interpretiert die Zeich- nung, analysiert das Vorgangsnetz, berechnet die Termine mit Pufferzei- ten und kritischem Weg. Die Ergeb- nisse werden direkt am Bildschirm dargestellt. Sie erstellen somit einen nach der CPM-Methode berechneten Balkenplan, ohne Umweg über Vor- gangstabelle und Netzplan.	Managem. & Software im Bauwesen Liststraße 22 D-76185 Karlsruhe Tel: +49(0)721/95 25-0 Fax: +49(0)721/95 25-100 E-Mail: info@msde.de
PPMS (Planta Projektmanage- ment System)	Ein Werkzeug für integrierte Betrach- tung von Terminen, Kosten und Leis- tungen. Mit dem Modul Earned-Value- Analyse dient es als Frühwarnsystem	PLANTA Projektmanage- ment Systeme GmbH, Karlsruhe Tel: 0721/828 11-11

SW-Name	Beschreibung	Anbieter
	für projektbezogene Chancen und Risiken.	Fax: 0721/828 11-15 E-Mail: info@planta-gmbh.de
PRIMAVERA PRIMAVERA Suretrak	Planung und Steuerung von Projekten unter Lotus Notes	INTECo GmbH Schillerstraße 2 D-84034 Landshut Tel. +49(0)871/92289-0 Fax +49(0)871/92 28 999
PQM	PQM ist eine Client-/Server-Anwendung für kleine bis mittelgroße Unternehmen im Bereich Entwicklung, die eine Zertifizierung nach ISO 9001 anstreben oder ihre bestehende Zertifizierung und die damit anfallenden Aufgaben auf elektronischem Wege vereinfachen wollen.	PUS GmbH Am Riedborn 20-22 D-61250 Usingen Tel: 06081/91 35 0 Fax: 06081/91 35 29 E-Mail: harald.krines@pus-technik.de
Scitor Project Scheduler (PS7) enterprise Project Communicator OPX2	Ein Werkzeug für unternehmensweites softwareunterstütztes Projektmanagement kompatibel für Windows 95/NT und Office 97. Der integrierte Project Communicator ermöglicht die Ist-Daten-Erfassung für den Projektmanagementprozess. Project Communicator ist die Schnittstelle zwischen Mensch und Programm, Projektmanager und Projektplan.	Scitor GmbH Platter Straße 79 D-65232 Taunusstein Tel. +49(0)180/53 56 88-0 Fax +49(0)180/53 56 88-9 E-Mail: germaninfo@scitor.com
Time Line	Verknüpfungen zwischen verschiedenen Projekten sind möglich, wie auch der projektübergreifende Ressourcenausgleich. Ein umfangreiches Reportwesen für einzelne oder zusammengefasste Projekte steht Ihnen zur Verfügung.	Progrevo Erzbergerstraße 117 D-76133 Karlsruhe Tel. +49(0)721/ 9597-0 Fax +49(0)721/ 9597-222 E-Mail: support@progrevo.de
Turbo Project (ehem. ViewPoint)	The Complete Solution For Your Project Team TurboProject v2 Professional contains the tools project managers rely upon every day for project planning, tracking and resource management – with more power and functionality than ever before. Efficiently manage multiple projects – handling up to 32,000 activities per project – com-	IMSI GmbH Hans-Pinsel-Straße 4 D-85540 Haar bei München Tel: +49 89 46 00 93-0 Fax: +49 89 46 00 93-93 E-Mail: service@imsi.de

SW-Name	Beschreibung	Anbieter
	municating status to every member of the team every step of the way. Powerful standard features compliment TurboProject Professional's unique capabilities, creating a more complete project management solution.	
WebProject	WebProject gibt jedem weltweit verteilten Mitarbeiter eines Projekts via Internet Zugriff auf seine Projektdaten. Als Benutzeroberfläche dient sein vertrauter Internet-Browser.	Anwendung, Lizenzierung, Schulungen, Ing-Art Düsseldorf Hienenburg 2 D-40878 Ratingen Tel.: 02102/2 76 75 www.wproj.com

16 Abbildungsverzeichnis

17 Tabellenverzeichnis

18 Index